Traumhaftes Mallorca

HONU VERLAG

"Wenn Du das Paradies ertragen kannst, dann komm nach Mallorca"

Gertrude Stein

Inhalt

MALLORCA GUT GEPLANT

Ein herzliches Willkommen!

Mallorca – allein der Name weckt Sehnsüchte. Bilder von türkisfarbenem Wasser, goldenen Stränden und romantischen Sonnenuntergängen kommen in den Sinn. Doch diese Insel ist facettenreicher als ihr Ruf: eine Welt voller Kontraste, Geschichte und Überraschungen – ein Schatz, der sich dem erschließt, der Mallorca mit allen Sinnen entdeckt.

Wie in meinen anderen Reiseführern liegt auch hier der Fokus auf dem Außergewöhnlichen. Sorgfältig ausgewählte Tipps heben das Besondere Mallorcas hervor, ohne dabei das Wesentliche eines umfassenden Reiseführers außer Acht zu lassen. So können Sie selbst entscheiden, was Ihr Interesse weckt – die klassischen Highlights oder die weniger bekannten Seiten der Insel.

Mallorca will erlebt werden. Die würzige Frische der Pinienwälder im Osten, der salzige Hauch der Meeresluft im Süden, die stille Erhabenheit der Serra de Tramuntana im Westen und das lebendige Treiben Palmas – all das macht die Insel einzigartig.

Ich möchte, dass Sie Mallorca so erleben, wie ich es entdeckt habe – in all seiner Vielfalt, mit kleinen und großen Wundern. Besonders in der Nachsaison zeigt sich die Insel von ihrer stillen Seite. Dann, wenn die Strände ruhen, spricht Mallorca auf eine tiefere Weise – durch seine Natur und den Rhythmus des Lebens.

Mallorca hat die Kraft, Ihre Sinne zu berühren und Ihr Herz zu erobern. Lassen Sie sich von dieser Insel verzaubern – ich freue mich, Sie auf dieser Entdeckungsreise zu begleiten.

Über die Autorin

Nicole Nagel, gebürtige Wienerin, ging nach ihrem Wirtschaftsstudium auf Reisen, um ihre Neugier auf die Welt zu stillen und neue Kulturen kennenzulernen. Ihre Abenteuer führten sie in zahlreiche Länder und immer wieder auf die Insel Mallorca, die sie über viele Jahre hinweg intensiv bereiste und lieben lernte.

Was macht eigentlich eine Reise einzigartig? Es sind nicht nur die berühmten Sehenswürdigkeiten, sondern vor allem die unvergesslichen Momente und die Begegnungen, die das Herz berühren und Einblicke in das echte Leben vor Ort schenken.

Für diesen Reiseführer schöpft die Autorin aus ihrer eigenen Erfahrung und gibt wertvolle Empfehlungen weiter – ehrlich, persönlich und mit viel Herzblut. So, wie sie sie auch mit einem guten Freund teilen würde, der Mallorca nicht nur besuchen, sondern wirklich spüren möchte. Ihr Ziel ist es, dass die Insel in ihrer ganzen Schönheit und Tiefe erlebt wird – für unvergessliche Erinnerungen, die bleiben.

Mag. Nicole Nagel

Warum gerade Mallorca? 10 Gründe, Mallorca zu lieben

1 Natur, die verzaubert

Mallorca ist Vielfalt pur: dramatische Gebirgszüge, sanfte Hügel, fruchtbare Täler, kilometerlange Sandstrände und fjordartige Buchten – ein Paradies für Naturfreunde.

2 Strände wie aus dem Bilderbuch

Ob endlose Sandstrände wie Es Trenc oder versteckte Buchten wie Cala Deià – hier findet jeder seinen Lieblingsplatz. Das kristallklare, türkisfarbene Wasser lädt zum Schwimmen, Schnorcheln und Träumen ein.

3 Kulinarik, die begeistert

Mallorquinische Küche ist Leidenschaft auf dem Teller: Von frischem Olivenöl und Meersalz über Tapas und Tumbet bis hin zu edlen Weinen – die Aromen der Insel sind so vielfältig wie die Landschaft.

4 Geschichte zum Greifen nah

Mallorcas Geschichte ist ein lebendiges Kaleidoskop: prähistorische Runddörfer, römische Ruinen, maurische Paläste und Türme aus der Zeit der Piraten. Historische Highlights wie die Kathedrale Sa Seu, das Kloster Lluc oder die alten Wachtürme bezeugen die bewegte Vergangenheit.

5 Dörfer und Städte voller Charme

Die Bergdörfer Deià, Valldemossa und Sóller verzaubern mit ihrem traditionellen Charakter, während Palma und Alcúdia mit ihrer reichen Architektur und den Spuren vieler Kulturen begeistern.

6 Abenteuer für Aktive

Die Insel bietet Abenteuer für jeden Geschmack: Wandern in der Serra de Tramuntana, Radfahren auf spektakulären Routen, Klettern an steilen Klippen oder Segeln entlang der Küste – Mallorca ist ein Eldorado für Aktive.

7 Märkte, die das Herz höherschlagen lassen

Von frischen Lebensmitteln bis zu kunstvollen Handwerksstücken – auf Mallorcas Märkten findet sich alles, was das Herz begehrt. Hier treffen sich Einheimische und Besucher, um zu stöbern, zu plaudern und das Leben zu genießen.

8 Kultur und Feste voller Lebensfreude

Mallorca feiert leidenschaftlich: Von den farbenfrohen Mandelblütenfesten bis zu den temperamentvollen Piratenfesten – Musik, Tanz und gutes Essen gehören immer dazu.

9 Ruhe für die Seele

Wer dem Trubel entfliehen möchte, findet stille Bergpfade, abgelegene Buchten oder historische Fincas im Inselinneren. Besonders in der Nebensaison zeigt sich Mallorca von seiner ruhigen, fast meditativen Seite.

10 Sonne, die das ganze Jahr über scheint

Mit mehr als 300 Sonnentagen im Jahr und milden Temperaturen ist Mallorca ein Ganzjahresziel. Egal ob Sommerurlaub oder winterliche Auszeit – die Insel ist immer bereit für einen Besuch.

Arabische Bäder, Palma

Einblick in Mallorcas Geschichte – ein Streifzug durch die Epochen und ihre Einflüsse

Die Geschichte Mallorcas ist so vielfältig wie die Insel selbst. Jede Epoche hat das heutige Erscheinungsbild geprägt. Von den geheimnisvollen Bauten der Talaiot-Kultur über die römischen Ruinen von Pollèntia und die maurischen Herrenhäuser und Gärten bis hin zu den Wehrtürmen, die einst vor Piraten schützen sollten. Ein Blick auf die prägenden Epochen lädt ein, die Vergangenheit zu entdecken:

Ses Païsses, Talaiot-Kultur

Talaiot-Kultur – steinerne Zeugen einer frühen Zeit (ca. 1300 v. Chr. – 123 v. Chr.)

Massive Steinmonumente prägen bis heute die Landschaft und erzählen von einer prähistorischen Gesellschaft, die in Gemeinschaft lebte und beeindruckende Steinarchitektur schuf.

Die Römer – Gründerstädte und kultureller Wandel (123 v. Chr. – 5. Jahrhundert n. Chr.)

Mit der römischen Eroberung begann eine Zeit des Wohlstands. Städte wie Pol·lèntia (heute Alcúdia) und Palma entstanden, Wein- und Olivenanbau wurden eingeführt, und ein ausgeklügeltes Straßennetz entstand. Römische Ruinen zeugen noch heute von dieser Epoche.

Die Mauren – ein goldenes Zeitalter (902 – 1229)

Unter den Mauren wurde Mallorca, damals Medina Mayurqa, zu einem Zentrum von Kultur und Handel. Bewässerungssysteme, prächtige Gärten und maurische Architektur prägten die Insel.

Die christliche Rückeroberung – Beginn einer neuen Ära (1229 – 15. Jahrhundert)

König Jaume I. von Aragón brachte das Christentum zurück. Die Kathedrale Sa Seu und zahlreiche Burgen entstanden, während die Insel sich weiterhin gegen Piraten und Freibeuter verteidigen musste.

Wehrtürme und Piraten – Schutz und Bedrohung (16. Jahrhundert)

Die exponierte Lage Mallorcas machte sie im Mittelalter und der frühen Neuzeit zu einem begehrten Ziel für Piraten. Um die Bevölkerung zu schützen, wurden entlang der Küste zahlreiche Wehrtürme errichtet.

Neuzeit – Künstler, Literaten und der Beginn des Tourismus (19. Jahrhundert)

Im 19. Jahrhundert entdeckten Künstler und Literaten die Insel für sich. Der aufkommende Tourismus brachte einen Wandel mit sich, der Mallorca bis heute prägt.

Heute – eine Insel der Vielfalt und Gegensätze

Mallorca ist heute ein harmonisches Mosaik aus den Einflüssen vergangener Epochen. Römer, Mauren, Christen und viele weitere Kulturen haben eine Insel hinterlassen, die Tradition und Moderne auf unvergleichliche Weise vereint.

So nutzen Sie diesen Reiseführer gut geplant – perfekt erlebt

Mallorca lässt sich dank seiner überschaubaren Größe und des gut ausgebauten Straßennetzes bequem mit dem Mietwagen oder mit öffentlichen Verkehrsmitteln erkunden. Dieser Reiseführer liefert alle essenziellen Informationen, Adressen und Karten – sowohl gedruckt als auch digital –, um Ihre Reise perfekt zu gestalten.

Highlights und Themenschwerpunkte

Zu Beginn finden Sie einen Überblick über die Highlights der Insel, die Ihnen eine schnelle Orientierung ermöglicht. Ergänzende Kapitel wie „Abenteuer für Kinder", „Ausflüge", „Wochenmärkte", „sportliche Erlebnisse" oder „Feste & Events" bieten eine Fülle an abwechslungsreichen Anregungen und Empfehlungen.

Mallorca im Detail in fünf Regionen

Die Insel ist in fünf farblich markierte Regionen unterteilt. Jede Region wird umfassend beschrieben – mit detaillierten Informationen zu Sehenswürdigkeiten, Stränden, Restaurant- und Übernachtungsempfehlungen sowie zahlreichen Insider-Tipps, die Ihre Reise bereichern. Dank aktueller Angaben zu Adressen, Anfahrt, Öffnungszeiten und Eintrittspreisen haben Sie alle wichtigen Informationen stets zur Hand.

Gedruckte Karten und Online-Karten

Zu jeder der fünf Regionen gehört eine gedruckte Karte, die alle wichtigen Orte übersichtlich darstellt. Zusätzlich finden Sie QR-Codes, die Sie mit Ihrem Smartphone scannen können, um interak-

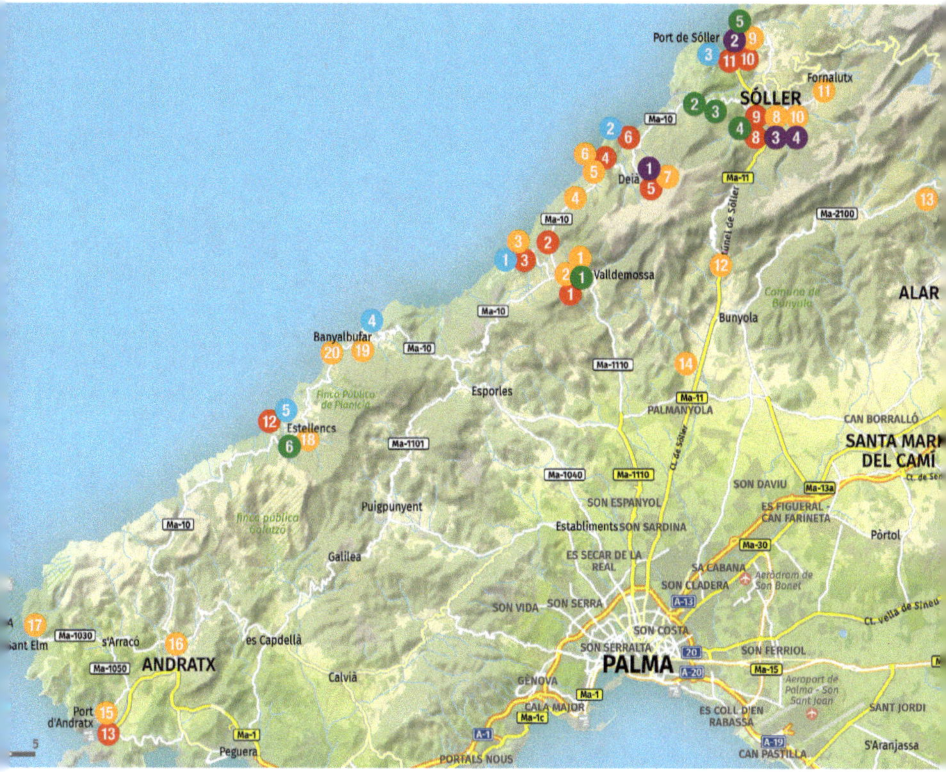

tive Online-Karten zu öffnen. Diese ermöglichen es, markierte Punkte anzuwählen und die optimale Route bequem zu berechnen.

Gewusst wie?

Zum Scannen richten Sie die Kamera auf den QR-Code. Der zugehörige Link erscheint in der Regel automatisch auf dem Bildschirm und kann direkt angetippt werden. Sollte dies nicht funktionieren, nutzen Sie eine QR-Code-App, die kostenlos im App Store oder Google Play Store verfügbar ist.

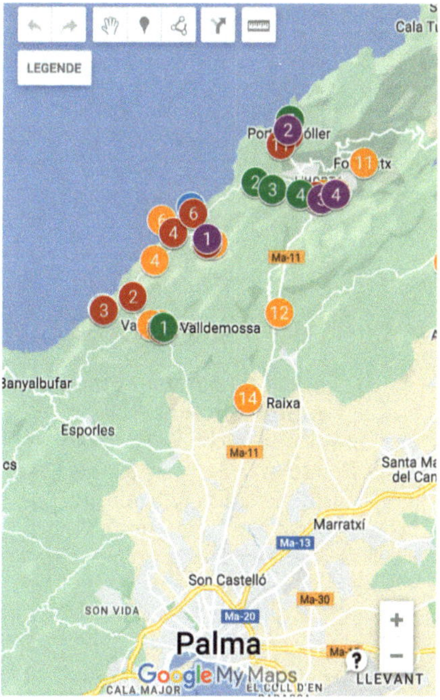

10 Highlights, die Sie nicht verpassen sollten

1 Palmas Altstadt – Geschichte trifft Lebenslust

Verwinkelte Gassen, versteckte arabische Bäder und sonnendurchflutete Plätze – Palmas Altstadt ist ein Mosaik aus Vergangenheit und Gegenwart. Entdecken Sie charmante Boutiquen, gemütliche Cafés und den Charme der Hauptstadt. → S. 30

2 Castell de Bellver – eine Festung mit Ausblick

Hoch über Palma thront die Rundburg, ein architektonisches Meisterwerk aus dem 14. Jahrhundert, die nicht nur historische Einblicke, sondern auch spektakuläre Panoramablicke über Palma und das Meer bietet. → S. 35

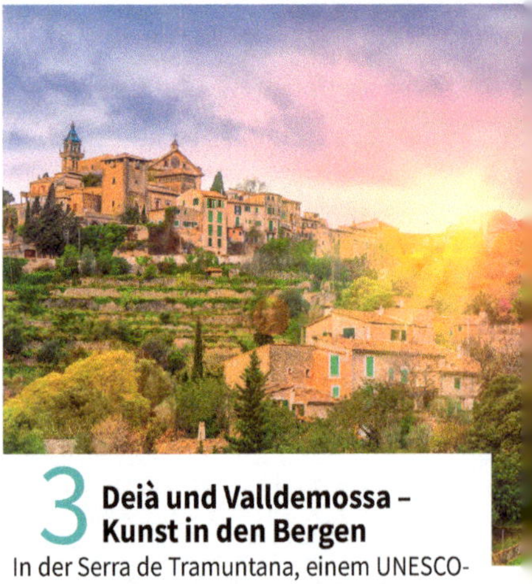

3 Deià und Valldemossa – Kunst in den Bergen

In der Serra de Tramuntana, einem UNESCO-Welterbe, liegen die malerischen Bergdörfer Deià und Valldemossa. Während Chopin einst die Ruhe Valldemossas suchte, zieht Deià heutzutage Künstler aus aller Welt in seinen Bann. Umgeben von atemberaubender Natur sind sie ein Paradies für Wanderer und Naturliebhaber. → S. 48

4 Das Tal von Sóller – Orangenzauber vor Bergkulisse

Das fruchtbare Sóller-Tal liegt friedlich eingebettet unterhalb der höchsten Gipfel des Tramuntana-Gebirges. Der Duft von Zitrusfrüchten erfüllt die Luft, während Orangenhaine, Olivenbäume und die majestätische Bergkulisse eine malerische Atmosphäre zaubern. → S. 53

5 Fornalutx – vielleicht das schönste Dorf Mallorcas

Mit seinen gepflasterten Straßen und charmanten Steinhäusern gilt Fornalutx als eines der schönsten Dörfer Spaniens. Eingebettet in die Berge der Tramuntana ist das kleine Bergdorf auch ein malerisches Ziel für eine kurze Wanderung. → S. 55

6 Cap Formentor – die dramatische Seite Mallorcas

Am nördlichsten Punkt der Insel verschmelzen Himmel und Meer. Die Steilküste von Cap Formentor begeistert Naturfans mit ihrer wilden Schönheit. Besonders magisch: der Sonnenuntergang am Leuchtturm. → S. 76

7 Alcúdia – ein Hauch von Orient

Wo sonst kann man auf einer vollständig erhaltenen historischen Stadtmauer eine Stadt umrunden? Die Altstadt von Alcúdia, mit ihren verwinkelten Gassen und arabischen Einflüssen, bewahrt das Erbe der maurischen Zeit. Die perfekt restaurierten Gebäude machen die gesamte Altstadt zu einem Freilichtmuseum. → S. 77

8 Artà und das Santuari de Sant Salvador – Geschichte mit Aussicht

Enge, steile Gassen, historische Häuser und das Santuari de Sant Salvador – das ist Artà. Hoch oben auf einem Hügel thronend, bietet das Kloster einen atemberaubenden Blick über das weite Land bis zum Meer. Der Weg hinauf, gesäumt von Zypressen, ist schon ein Erlebnis für sich. → S. 90

9 Die Salzberge und Salinen von Es Trenc – rosa Träume und weiße Wunder

Es Trenc ist nicht nur der berühmte weiße, lange Sandstrand, sondern auch das Naturparadies mit rosa Salzfeldern und weißen Salzbergen. Die Gegend ist Teil eines Naturschutzgebiets, in dem seltene Vogelarten wie Flamingos in den Sümpfen nach Nahrung suchen. Ein Blick hinter die Kulissen der Salzgewinnung ist faszinierend und lehrreich. → S. 113

10 Tropfsteinhöhlen – Magie unter der Erde

Ein Besuch in der Unterwelt. Ob die Drachenhöhlen (Coves del Drach), die Höhlen von Artà (Coves d'Artà) oder die Coves de Campanet – sie alle beeindrucken mit gigantischen Stalaktiten, geheimnisvollen unterirdischen Seen und magischen Lichtshows. Gespickt mit Mythen und Legenden begeistern die Höhlen Jung und Alt. → S. 74, 94, 96

10 Erlebnisse, die Sie begeistern werden

1 Mercat de Santa Catalina und Altstadtbummel

Der älteste Markt Palmas ist ein Fest für die Sinne: Farbenfrohes Obst, mallorquinische Spezialitäten und die unverfälschte Atmosphäre lassen Besucher das echte Mallorca spüren. Kombinieren Sie den Besuch mit einem Spaziergang durch die charmanten Gassen der Altstadt. → S. 42

2 Fundació Miró Mallorca – Kunst, die Freude macht

Das Atelier von Joan Miró gibt einen einzigartigen Einblick in das Leben und Schaffen des weltberühmten Künstlers. Mit einer beeindruckenden Sammlung seiner Werke ist das Museum ein Highlight für Kunstliebhaber. → S. 36

3 Straßenbahn „Tranvía de Sóller" – Nostalgie pur

Die historische Straßenbahn verbindet Sóller mit Port de Sóller und fährt vorbei an Zitronen- und Orangenhainen sowie traditionellen Landhäusern. Eine Fahrt mit diesem Schmuckstück durch die traumhaft schöne Landschaft macht immer Freude. → S. 54

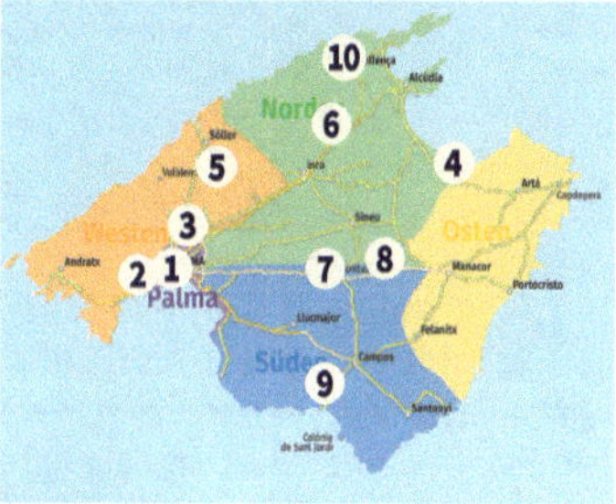

4 Finca de Son Real und Necròpolis de Son Real

Die prähistorische Begräbnisstätte von Son Real, mit über 100 Gräbern aus der Talaiot-Epoche, gibt einen einzigartigen Einblick in die Bestattungsrituale und die Kultur der frühen Inselbewohner. Die angrenzende Finca Son Real erzählt vom frühen ländlichen Leben auf der Insel. → S. 78

5 Jardins d'Alfàbia – historische Gärten zum Träumen

Die grünen Oasen von Bunyola mit ihren exotischen Pflanzen, plätschernden Wasserspielen und lauschigen Wegen laden besonders im Sommer zu einer erfrischenden Auszeit für Körper und Geist ein. → S. 55

6 Ses Fonts Ufanes – Magie der sprudelnden Quellen

Ein Naturwunder, das nur nach starkem Regen sichtbar wird. Im Steineichenwald von Campanet sprudeln plötzlich Quellen aus dem Boden – ein spektakuläres Schauspiel der Natur, das man gesehen haben muss. → S. 75

7 Glasbläsermanufaktur Gordiola – Kunst in Bewegung

Seit Generationen wird in der Glasmanufaktur Gordiola das Handwerk des Glasblasens gepflegt. Schauen Sie den Meistern über die Schulter bei der Entstehung filigraner Glaskunstwerke. → S. 110

8 Landgut Els Calderers – Landleben zum Anfassen

Das historische Landgut in Montuïri zeigt das ländliche Leben auf Mallorca, wie es einst war. Typische Räumlichkeiten mit ihren Möbeln, Gerätschaften und Werkzeugen erzählen von damals. → S. 111

9 Thermalquelle Fontsanta – Tiefenentspannung garantiert

Mallorcas einzige natürliche Thermalquelle bei Es Trenc mit ihrem warmen, mineralreichen Wasser in einem luxuriösen Ambiente. Eine Oase für alle Sinne. → S. 114, 125

10 Tradition hautnah – Moros i Cristians

Die historischen Feste „Moros i Cristians“ in Sóller (Mai) und Pollença (August) erinnern jedes Jahr mit Nachstellungen an die Schlachten und Piratenangriffe vergangener Zeiten. Man erkennt, wie tief die Geschichte der ständigen Angriffe noch immer in der mallorquinischen Kultur verwurzelt ist. → S. 142

10 Strände und Buchten zum Träumen

Mallorca fasziniert mit einer Küstenlandschaft von beeindruckender Vielfalt. Weitläufige Sandstrände und kleine, versteckte Buchten, umrahmt von Pinien und Felsen, bieten die Auswahl zwischen Lebendigkeit und Idylle – jede mit ihrem eigenen Charme. Auf den nächsten Seiten laden wir Sie ein, Mallorcas schönste Buchten und Strände zu entdecken und zu genießen.

1 Cala Pi

Eine ruhige Bucht mit türkisfarbenem Wasser, die von steilen Felsen umrahmt ist. Die kleine Sandfläche lädt zu entspannten Stunden ein, während die malerische Umgebung perfekt für Fotos ist. → S. 119

2 Cala de Deià

Die kleine, felsige Bucht ist unbedingt einen Besuch wert – schon allein wegen der beiden rustikalen Lokale, die frische Meeresgerichte mit Blick aufs Wasser servieren. Hinunter führt eine Serpentinenstraße; unten gibt es kostenpflichtige Parkplätze. → S. 61

3 Cala Murta

Eine abgeschiedene Bucht auf der Halbinsel Formentor, die nur zu Fuß (20 Min.) oder mit dem Boot erreichbar ist. Kristallklares Wasser und Ruhe machen sie (noch) zu einem echten Geheimtipp. → S. 81

4 Cala Agulla

Diese große Bucht im Nordosten Mallorcas, umgeben von Pinienwäldern, fasziniert mit ruhigem Wasser und feinem Sandstrand. Ein perfekter Ort für Schnorchelfans und Familien, die Natur und Strand genießen möchten. → S. 100

5 Cala Romantica

Diese malerische Bucht mit kristallklarem Wasser ist eine der drei benachbarten schönsten Buchten des Ostens. Bequem zu Fuß sind auch Cala Mendia und Cala Anguila erreichbar, sodass Sie alle drei Strände erkunden können. → S. 101

6 Es Caló des Moro

Eine der bekanntesten Buchten der Insel mit smaragdgrünem Wasser, umgeben von schroffen Felsen und mediterraner Vegetation. Ein Ort, der wie gemacht ist für Postkartenmotive. Fußweg ca. 1 km. → S. 119

7 Platja de Muro

Kilometerlang, familienfreundlich und mit flachem Wasser – dieser Sandstrand bietet eine entspannte Atmosphäre und alle Annehmlichkeiten für einen perfekten Tag. → S. 81

8 Cala Mesquida

Umgeben von einer beeindruckenden Dünenlandschaft, lädt dieser wilde Strand zu genussvollen Stunden in einzigartiger Natur ein. → S. 100

9 Es Trenc

Mallorcas berühmtester Naturstrand mit feinem weißen Sand und glasklarem Wasser. Ein Hauch von Karibik, ideal für Naturliebhaber und Ruhesuchende. → S. 119

10 Platja de Formentor

Ein Juwel auf der Halbinsel Formentor, auf halber Höhe zum Cap. Für manche ist der etwa 1 km lange feine Sandstrand der schönste der Insel. → S. 80

Flaggen an Mallorcas Stränden

An den Stränden Mallorcas signalisieren verschiedene Flaggen die aktuellen Badebedingungen und dienen der Sicherheit der Badegäste. Die Bedeutungen sind wie folgt:

Grüne Flagge: Baden ist unbedenklich möglich; die Bedingungen sind sicher.

Gelbe Flagge: Baden ist mit Vorsicht erlaubt; nur für geübte Schwimmer; erhöhte Aufmerksamkeit nötig.

Rote Flagge: Absolutes Badeverbot – gefährliche Bedingungen wie starke Strömungen oder hohe Wellen

WUSSTEN SIE?

Auf Mallorca wurden 2024 insgesamt 46 Strände und Yachthäfen mit der Blauen Flagge prämiert, einem internationalen Umweltsymbol, das Strände mit hoher Wasserqualität, Sauberkeit und guter Infrastruktur auszeichnet.

INTERESSANT!

Das Neptungras, auch Posidonia oceanica genannt, ist der Schlüssel zu Mallorcas kristallklarem Wasser. Die Unterwasserwiesen dienen als natürlicher Filter, reichern das Wasser mit Sauerstoff an und schützen die Küsten vor Erosion. Zudem sind sie ein wichtiger Lebensraum für Fische und andere Meeresbewohner, die hier Schutz und Nahrung finden.

SON DURETA
SA TEULERA
GÈNOVA
Camí dels Reis
LA BONANOVA
CALA MAJOR
PORTOPÍ
EL TERRENO
Cr. de Son Armadans
ES MOLINAR
LA GRUTA
Avinguda de l'Argentina
Cr. d'Espartero
Plaça del Progrés
Cr. de Caro
Cr. de la Indústria
Cr. del Comte de Barcelona
Cr. del Teodor Llorente
Passeig Mallorca
Avinguda de Jaume III
Cr. d'en Ramon y Cajal
Sa Riera
Contramoll Mollet
Moll de la Llotja
La Llotja
Cr. del Moll Vell
Camí de s'Escullera
Passeig de Sagrera
Avinguda d'Antoni Maura
Passeig del Born
Parc de la Mar
Passeig de Dalt Murada
La Seu
Ses Voltes
Ajuntament
Plaça Major
La Rambla
Via Roma
Cr. de Sant Miquel
Plaça d'Espanya
Avinguda d'Alexandre Rosselló
Avinguda de Gabriel Alomar i Villalonga
Cr. del Sindicat
Cr. dels Hostals
Cr. de Colom
Cr. de Sant Jaume
Cr. de la Concepció
Cr. del Jardí Botànic
Cr. del Baró de Pinopar
Plaça de sa Feixina

PALMA – DIE PULSIERENDE HAUPTSTADT

Palma ist wie eine Reise durch Zeit und Kulturen: Hier trifft Orient auf Okzident. Strategisch auf einem Hügel erbaut, war die Stadt einst Schutzburg und Zentrum Mallorcas. In der Oberstadt beeindrucken die Kathedrale Sa Seu und der Königspalast L'Almudaina, während die Unterstadt mit Märkten, Tapasbars und mediterranem Flair lockt.

Spuren der Römer und die Banys Àrabs aus dem 10. Jahrhundert erzählen von Palmas wechselvoller Geschichte. Palau de l'Almudaina, Sa Llotja und Casas Señoriales spiegeln die Blütezeit des Handels und Adels wider.

Und dann ist da dieses sanfte, goldene Licht, das selbst schattigen Innenhöfen einen Hauch von Magie verleiht. In den Cafés der Altstadt genießt man einen Cortado (Espresso mit einem Schuss Milch), während Galerien im trendigen Santa-Catalina-Viertel mit moderner Kunst überraschen. Palma ist ein mediterraner Mikrokosmos – majestätisch, charmant und voller Überraschungen.

PALMA ENTDECKEN

1 Paseo Maritimo
2 Sa Llotja
3 Königspalast La Almudaina
4 Jardins Hort del Rei
5 Kathedrale La Seu (Sa Seu)
6 Convent de Sant Francesc
7 Banys Arabs
8 Ajuntament de Palma
9 Can Vivot
10 Can Balaguer
11 Fundació Joan March
12 Es Baluard Museu
13 Santa Catalina
14 Poble Espanyol
15 Castell de Bellver
16 Fundació Pilar i Joan Miró
17 Jardins de Marivent
18 Castell de Sant Carles

EIN TAG AM MEER

1 C'an Pere Antoni
2 Platja del Portitxolet
3 Platja Ciudad Jardín
4 Cala Major
5 Cala Nova

DER GUTE GESCHMACK PALMAS

1 Celler de sa Premsa
2 Ca'n Joan de s'Aigo
3 Restaurante La Balanguera
4 Maison Legrix
5 Merendero MINYONES
6 Rivareno Gelateria
7 Bondo Cocina
8 Pomelia Sea Lab
9 Bar Can Joan Frau
10 Vandal Palma
11 Mama Carmen's
12 Palma Bread

IN MEINEN KOFFER PACKE ICH

1 Mercat de Santa Catalina
2 Mercat de l'Olivar
3 Cachao - Raw Chocolate Manufactory
4 TerraCuita Tienda de Cerámica
5 Arquinesia Perfumes
6 Rialto Living
7 Fika Farina coffee and bakery

ÜBERNACHTEN IN PALMA

1 Can Bordoy Grand House & Garden
2 Nobis Hotel Palma
3 Portixol
4 Puro Hotel Palma
5 El Josemari Youth Hostel

PALMA ENTDECKEN

Altstadt von Palma

Verwinkelte Gassen, historische Gebäude und ein Hauch von Geschichte in jeder Ecke. Ein Spaziergang führt vorbei an beeindruckenden Innenhöfen und charmanten Plätzen.

1 Paseo Marítimo

Die Promenade verbindet die historische Altstadt mit dem Hafen und bietet einen grandiosen Blick auf die Kathedrale, die auf einem Hügel thront. Lage: Direkt entlang der Küste von Palma, gut zu Fuß oder mit dem Auto erreichbar.

2 Sa Llotja (Handelsbörse)

Ein gotisches Juwel aus dem 15. Jhd., das einst als Handelsplatz diente und heute wechselnde Ausstellungen zeigt.

- Plaça de la Llotja, 5, 07012 Palma
- öffentlich zugänglich, außer bei bestimmten Ausstellungen
- € In der Regel kostenlos

Sa Llotja

Palau de l'Almudaina

Palau de l'Almudaina

3 Palau de l'Almudaina (Königspalast)

Ein imposanter Palast mit einer reichen Geschichte und beeindruckender Architektur. Die Residenz von Jaume II wurde 1309 auf den Überresten einer arabischen Festung gebaut. Man kann Teile des Palastes sowie den wunderschönen Königshof besichtigen. Einige Räumlichkeiten sind heute dem spanischen König vorbehalten.

- Carrer del Palau Reial, s/n, 07001 Palma
- Di–So 10:00–17:00 Uhr, montags geschlossen
- € Erwachsene 7 €, ermäßigt 4 €, EU-Bürger Mi und So 15:00–17:00 Uhr kostenlos

④ Jardins de S'Hort del Rei – Historische Oase im Herzen Palmas

Einst mittelalterliche Gärten des Almudaina-Palastes, sind die Gärten heute eine grüne Oase mit plätschernden Brunnen, schattigen Laubengängen und Skulpturen renommierter Künstler wie Joan Miró. Die Gestaltung erinnert an die maurische Gartenkunst der Alhambra.

- Avinguda d'Antoni Maura, 18, 07012 Palma
- Täglich rund um die Uhr geöffnet
- € Kostenlos

INTERESSANT!

Palma gliedert sich in Ober- und Unterstadt. Eine Verbindung zwischen beiden bildet zum Beispiel die Treppe der Jardins de S'Hort del Rei.

Jardins de S'Hort del Rei

⑤ Kathedrale Sa Seu (La Seu)

Das ikonischste Bauwerk Mallorcas, ein Meisterwerk gotischer Baukunst, prägt mit seinen majestätischen Türmen die Skyline Palmas. Von der Dachterrasse genießen Sie einen beeindruckenden Blick über die Stadt.

- Plaça de la Seu, s/n, 07001 Palma
- Mo–Fr 10:00–17:15 Uhr (Winter bis 15:15), Sa 10:00–14:15 Uhr
- € Erwachsene 10 €, Kinder ab 10 J. 7 €

WUSSTEN SIE?

Die Kathedrale wurde auf den Überresten der früheren Hauptmoschee der Mauren errichtet. Zu dieser Zeit hieß die Stadt „Madina Mayurqa". Die Kathedrale steht heute symbolisch für den Übergang von der islamischen zur christlichen Herrschaft auf Mallorca.

Kathedrale Sa Seu

Baldachin von Antoni Gaudí

INTERESSANT!

Der Baldachin von Antoni Gaudí über dem Hochaltar beweist, dass traditionelle gotische Architektur mit moderner Kunst harmonieren kann.

Verwirrung garantiert!

Die Vielfalt der Sprachen auf Mallorca – Spanisch, Katalanisch und Mallorquín – sorgt für eine bunte Mischung an Schreibweisen, die Besucher manchmal herausfordern können. Ob bei Sehenswürdigkeiten, Straßennamen oder Ortsschildern: Einheitliche Schreibweisen gibt es selten. Hier ist Spürsinn gefragt, um die verschiedenen Versionen zu entziffern und sich zurechtzufinden!

INSIDER-TIPP!

Wenn die Kathedrale La Seu überlaufen ist, lohnt sich ein Abstecher zur Basilika Sant Francesc – Palmas zweitprächtigstem Gotteshaus.

6 Convent de Sant Francesc (Kloster San Francesc)

Basilika mit beeindruckendem gotischen Rosettenfenster und einem schönem Innenhof.

- Plaça de Sant Francesc, 7, 07001 Palma
- Mo–Sa 10:00–12:30 Uhr und 15:30–18:00 Uhr
- € Erwachsene 5 €, Kinder unter 12 J. frei

7 Banys Àrabs (Arabische Bäder)

Überreste einer maurischen Badeanlage mit Garten aus dem 10. Jahrhundert. Den Hauptraum krönt eine Kuppel, die von 12 Säulen getragen wird.

- Carrer de Can Serra, 7, 07001 Palma
- Täglich, 9:30–19:00 Uhr
- € Erwachsene 3 €, Kinder unter 12 J. frei

Banys Àrabs

Ajuntament

8 Ajuntament de Palma – Das Rathaus von Palma

Ein imposantes Gebäude, das mit seiner barocken Fassade und dem markanten Glockenturm die Aufmerksamkeit auf sich zieht. Innenbesichtigungen bleiben besonderen Anlässen vorbehalten.

- Plaça de Cort, 1, 07001 Palma
- Außenbesichtigung jederzeit möglich; Innenbesichtigung nur auf Anfrage
- € Kostenlos bei öffentlichen Veranstaltungen

FOTO-SPOT!

Der ca. 600 Jahre alte, beeindruckende Olivenbaum wurde 1989 als Geschenk von einer Finca in Pollença vor das Rathaus versetzt. Er steht symbolisch für Frieden und Verwurzelung mit dem Land.

TYPISCH MALLORCA!

Faszinierend und geheimnisvoll zugleich sind die casas señoriales, die herrschaftlichen Stadtpaläste der Inseladeligen. Die Herrenhäuser verstecken sich hinter schweren Eisentoren und massiven Holztoren. Herzstück dieser Paläste sind die patios – elegante Innenhöfe, die mit Marmorsäulen, Brunnen und Pflanzen geschmückt sind. Sie verbinden nicht nur die verschiedenen Räume, sondern bringen Licht und Luft in das Innere. Einige dieser Häuser können besichtigt werden und lassen die Blütezeit des Adels erahnen.

9 Can Vivot – Ein Fenster in die adlige Vergangenheit

Der beeindruckende Stadtpalast ist mehr als 700 Jahre alt. Mit seinem barocken Innenhof, der Kapelle, der imposanten Treppe und der prächtigen Bibliothek bietet Can Vivot einen faszinierenden Einblick in das aristokratische Leben vergangener Jahrhunderte.

- Carrer de Can Savellà, 4, 07001 Palma
- Nur zu bestimmten Zeiten geöffnet, bitte vorab auf der Website prüfen
- € Führungen Erwachsene ab 12 €
- http://www.canvivot.com

10 Can Balaguer – Einblick in die Welt des Adels

Dieses prachtvolle Herrenhaus aus dem 14. Jahrhundert zeigt die Lebensweise der mallorquinischen Adelsfamilien. Heute beherbergt es ein Kulturzentrum – mit der Ausstellung „La Casa Possible" Der Patio zählt zu den architektonischen Highlights.

- Carrer de la Unió, 3, 07001 Palma
- Di–Sa 10:00–19:00 Uhr, So 10:00–15:00 Uhr
- € Kostenlos
- http://www.canbalaguer.com

⑪ Museu Fundació Joan March

In einem prächtigen Herrenhaus im Herzen von Palma präsentiert dieses Museum eine beeindruckende Sammlung moderner Kunst, darunter Werke von Dalí, Miró und Picasso.

- Carrer de Sant Miquel, 11, 07002 Palma
- Mo–Fr 10:00–18:30 Uhr, Sa 10:30–14:00 Uhr
- € Kostenlos

Museu Fundació Joan March

Es Baluard Museu d'Art

⑫ Es Baluard Museu d'Art

Das Museum für zeitgenössische Kunst befindet sich in einer beeindruckenden ehemaligen Festungsanlage, die Teil der alten Stadtmauer war. Es beherbergt eine der größten Sammlungen mit Werken von Picasso, Miró und anderen Größen der Kunstszene.

- Plaça Porta de Santa Catalina, 07012 Palma
- Di–Sa 10:00–20:00 Uhr, So 10:00–15:00 Uhr
- € Erwachsene 6 €, Kinder ab 12 J. 3 €

FOTO-SPOT!
Von der Terrasse des Museums hat man einen großartigen Blick über den Hafen, die Kathedrale und die Bucht von Palma.

Museu dels Molins

⑬ Stadtviertel Santa Catalina

Palmas modernes und trendiges Viertel ist so abwechslungsreich und kunterbunt wie ein Chamäleon. Einst das ruhige Zuhause von Fischern und Müllern, hat sich Santa Catalina in einen lebhaften Treffpunkt für Kreative, Junge und Nachtschwärmer verwandelt. Besonders sehenswert ist der Mercat de Santa Catalina, der mit frischen, lokalen Produkten und einer einzigartigen Atmosphäre lockt – ein Pflichtbesuch für alle, die das authentische Flair Palmas erleben möchten.
Im angrenzenden Mühlenviertel Es Jonquet stehen noch 5 der 7 historischen Windmühlen. Das Museu dels Molins ist in einer der restaurierten Mühlen aus dem 14. und 15. Jh. untergebracht.

Poble Espanyol

Castell de Bellver

⑭ Poble Espanyol (Freilichtmuseum)

Das Museum, das wie ein kleines Dorf gestaltet ist, zeigt Nachbildungen berühmter Gebäude, Plätze und Straßenzüge aus ganz Spanien, wie z. B. Granadas Alhambra.

- Poble Espanyol, C. del Poble Espanyol, 55, 07014 Palma
- Täglich, 9:00–17:00 Uhr
- € Erwachsene 10 €, Kinder 5 €

⑮ Castell de Bellver

Hoch über Palma thront die beeindruckende Rundburg aus dem 14. Jahrhundert, deren Name „Bellver" (schöne Aussicht) ihr vollkommen gerecht wird. Ursprünglich als Sommerresidenz für den König erbaut, diente sie später über lange Zeit als Gefängnis. Heute genießen Besucher den Rundumblick über die Bucht von Palma, das glitzernde Meer, die Dächer der Stadt bis hin zum Tramuntana-Gebirge.

- Camí del Castell de Bellver, 07014 Palma
- Di–So 10:00–17:00 Uhr
- € Erwachsene 4 €, Jugendliche ab 14 J. 2 €, sonntags gratis

WUSSTEN SIE?
Das Castell de Bellver ist die einzige Rundburg Spaniens.

FOTO-SPOT!

Aussicht vom Castell de Bellver

⑯ Fundació Pilar i Joan Miró

Das ehemalige Wohnhaus und Atelier des Künstlers Joan Miró präsentiert eine beeindruckende Sammlung seiner Gemälde, Zeichnungen und Skulpturen. Bedeutende Werke geben faszinierende Einblicke in das Leben und Schaffen des Ausnahmekünstlers.

- Carrer de Saridakis, 29, 07015 Palma
- Di–Sa 10:00–18:00 Uhr, So 10:00–15:00 Uhr
- € Erwachsene 12 €, ermäßigt 7 €

Fundació Pilar i Joan Miró

⑰ Jardins de Marivent – eine grüne Oase

In der Nähe von Cala Major und der Fundació Miró liegen die Gärten von Marivent, Teil der Sommerresidenz der spanischen Königsfamilie (Palast Marivent) mit Skulpturen von Joan Miró. Perfekt, um kurz dem Trubel Palmas zu entfliehen.

- Avinguda de Joan Miró, 229, 07015 Palma
- Täglich, 9:00–20:00 Uhr (Sommer); 9:00–16:30 Uhr (Winter)
- € Kostenlos

Leider! Wenn die spanische Königsfamilie in Palma anwesend ist (meist Juli und August), dürfen die Gärten von Marivent nicht besucht werden.

Jardins de Marivent

⑱ Castell de Sant Carles – Die Hafenfestung

Erbaut zum Schutz vor Freibeutern und Piraten, spielte die Burg San Carlos später auch eine strategische Rolle gegen Engländer und Franzosen. Heute beherbergt die Festung ein Militärmuseum, das Einblicke in Mallorcas militärische Vergangenheit bietet. Von der Burg aus hat man zudem einen wunderbaren Blick auf das Meer.

- Carrer del Dic de l'Oest, s/n, 07015 Palma
- Di–So 10:00–14:00 Uhr
- € Kostenlos

Castell de Sant Carles

EIN TAG AM MEER

① C'an Pere Antoni

Ein Stadtstrand von Palma mit Blick auf die Kathedrale. Ideal für einen kurzen Abstecher zum Meer, ohne die Stadt zu verlassen.

Nahe Coll d'en Rabassa, direkt am östlichen Stadtrand von Palma

INSIDER-TIPP!
Brunchen im Assaona Beach Club am Ende des Strandes http://assaona.com

② Platja del Portitxolet

Eine kleine, windgeschützte Bucht, zehn Minuten von Palma entfernt, die die Einheimischen gerne besuchen. Familienfreundliche Atmosphäre. Mit der Buslinie 15 von Palma erreichbar.

Can Pastilla, nahe dem Yachthafen

③ Platja Ciudad Jardín

Ein breiter Sandstrand mit ruhigem Wasser, umgeben von Restaurants und Cafés, ideal für Familien und Strandspaziergänge. Gut erreichbar mit den Buslinien 15 und 25.

Ciudad Jardín, östlich von Palma

④ Cala Major

Nur wenige Minuten von Palma entfernt lockt der Strand mit feinem Sand Stadtbesucher zu einer Abkühlung. In der Umgebung gibt es zahlreiche Cafés und Restaurants.

Westlich von Palma, nahe dem Stadtteil Sant Agustí

Cala Major

5 Cala Nova

Eine kleine Bucht mit feinem Sand, kristallklarem Wasser und einer entspannten Atmosphäre. Perfekt für einen ruhigen Tag am Strand. Gut erreichbar mit der Buslinie 3.

Cala Nova, westlich von Palma

6 Platja de Palma

Der größte Strand Palmas, ein weitläufiger Sandstrand östlich von Palma, erstreckt sich über sechs Kilometer und erfreut sowohl Familien als auch Unterhaltungssuchende. Hier gibt es zahlreiche Restaurants, Bars und Wassersportmöglichkeiten. Der Platja-de-Palma-Express (Linie 25) bringt Sie vom Stadtzentrum in nur 10 Minuten zum Strand.

Zwischen Can Pastilla und El Arenal

INTERESSANT!

Der Strand ist in 15 Abschnitte unterteilt, von denen jeder eine Strandbar, Balneario genannt, besitzt. Berühmt-berüchtigt war Balneario 6, besser bekannt als Ballermann. Im Jahr 2017 wurde die Bar in Beach Club Six umbenannt und es wurden Maßnahmen ergriffen, um dem exzessiven Alkoholkonsum entgegenzuwirken.

Auch in anderen Bereichen wurden in Palma benimmtechnisch die Zügel gehörig angezogen. Beispielsweise kostet Spucken auf öffentlicher Straße ab sofort € 750,- Strafe.

DER GUTE GESCHMACK PALMAS

Ca'n Joan de s'Aigo

1 Celler de Sa Premsa

Das Urgestein der mallorquinischen Küche in Palma. Fast nirgendwo auf der Insel kann man authentischer in historischem Ambiente und zu annehmbaren Preisen unter Einheimischen speisen.

Plaça del Bisbe Berenguer de Palau, 8, 07003 Palma
http://cellersapremsa.com

INSIDER-TIPP!
Die Einheimischen bestellen mittags (14–16 Uhr) das 3-gängige Mittagsmenü. Sehr zu empfehlen: die Vorspeise „Fideuá“, die Nudel-Paella.

2 Ca'n Joan de s'Aigo

Wahrlich eine Institution der mallorquinischen Backkunst! Im charmanten Stammhaus erwarten Sie köstliche Ensaïmadas, der berühmte Mandelkuchen Gató und weitere Spezialitäten. Nicht zu vergessen – das Wichtigste: die heiße Schokolade.
Ca'n Joan ist die älteste Chocolatería der Insel!

Carrer de Can Sanç, 10, 07001 Palma
https://www.canjoandesaigo.com

3 Restaurante La Balanguera

Es liegt zwar außerhalb des Stadtkerns von Palma, hält aber was sein Slogan verspricht: „Essen wie bei Mutter.“ Hier erwartet Sie klassische mallorquinische Küche mit frischem Fisch und hochwertigem Fleisch, perfekt auf dem Holzkohlegrill zubereitet.

Carrer del Bisbe Maura, 6, 07005 Palma
https://www.restaurantelabalanguera.com

INSIDER-TIPP!

④ Maison LeGrix

Mehr als nur eine Bäckerei – es ist eine Offenbarung. Berühmt für ihre unbeschreiblich guten Lobster-Rolls und die genialen Croissant Rolls, die süß oder salzig mit den köstlichsten Zutaten gefüllt sind. LeGrix hat die Lobster-Roll nach Mallorca gebracht!

- Carrer de l'Argenteria, 2, 07001 Palma
- https://www.maisonlegrix.com

Maison LeGrix

Lobster-Roll

⑤ Merendero Minyones

Ist (fast) noch ein Geheimtipp für alle, die authentische Bocadillos probieren möchten. Besonders empfehlenswert: der „Codillo de Cerdo" – eine butterzarte, stundenlang gekochte Haxe mit Tomaten und Salat, die jeden herzhaften Hunger stillt.

- Carrer de les Minyones, 4, Centre, 07001 Palma
- Montag–Samstag, 8:00–16:00

Rivareno Gelateria

⑥ Rivareno Gelateria

Das Paradies für Gelato-Liebhaber ist längst kein Geheimtipp mehr. Dennoch – eine Freude für alle, die echtes italienisches Gelato schätzen.

INSIDER-TIPP!
Die Sorte Pistazie – eine wahre Geschmacksexplosion!

- Plaça de la Llotja, 1, Centre, 07012 Palma
- https://www.rivareno.com

⑦ Bondo Cocina

Hier werden Sie von Andrea und Carlos mit offenen Armen empfangen. Die beiden sind Gastgeber aus Leidenschaft. Marktfrische Zutaten, mit Liebe gekocht. Reservierung empfohlen!

INSIDER-TIPP!
Probieren Sie unbedingt die „Chorizo Criollo Grillado".

- Carrer de Vallseca, 16, Centre, 07012 Palma
- bondococina.reservas@gmail.com
  +34 662-546-167

⑧ Pomelia Sea Lab

Wer einen Tisch im Pomelia Sea Lab ergattert, wird mit italienischer Meeresfrüchteküche auf höchstem Niveau belohnt. Die kunstvoll dekorierten Gerichte sind nicht nur ein Gaumenschmaus. Reservierung empfohlen!

Pomelia Sea Lab

- Carrer de Can Sales, 2, Centre, 07012 Palma
- https://www.pomeliarestaurant.com

9 Can Joan Frau

Eine typisch mallorquinische Bar im Mercat de Santa Catalina mit köstlichen Tapas und – so sagt man – der besten Paella der Insel. Donnerstags und samstags gibt es die Paella con Sepia. Wer seine Portion Paella gesichert wissen möchte, sollte vor 12 Uhr telefonisch reservieren.

- Plaça de la Navegació, 07013 Palma
- +34 971 737862

10 Vandal

Mitten im angesagten Viertel Santa Catalina serviert das junge, stylische Lokal kunstvoll arrangierte Tapas und andere Gerichte, die Einflüsse aus allen Ecken der Welt vereinen. Ein Hotspot für Foodies – Reservieren ist auch hier ein Muss!

- Plaça del Progrés, 15, 07013 Palma
- https://www.vandalpalma.com

FRÜHSTÜCKSTIPPS

11 Mama Carmens

Stylish, modern, gemütlich – und alles mit Liebe zubereitet. Das Stammhaus: ein charmantes Café im Szeneviertel Santa Catalina, bekannt für gesunde Frühstücksoptionen. Nur einen Block entfernt: der vegane Ableger, eine kreative Oase mit Köstlichkeiten wie herzhaften Hummus-Bowls. Beide Lokale setzen auf hochwertige und ökologische Zutaten.

- Carrer de Rossiñol, 3a, 07013 Palma
- Carrer de Cevantes, 21, 07013 Palma
- https://www.mamacarmen.es

INSIDER-TIPP!

12 Palma Bread

Vielleicht das beste Brot Palmas! Die beiden Schweden zaubern köstlich duftende, salzige und süße Leckerbissen aus ihrem Ofen. Ein Genuss, den man sich nicht entgehen lassen sollte!

- Plaça del Progrés, 14, 07013 Palma
- https://www.palmabread.com

Mercat de Santa Catalina

BARS und NACHTCLUBS → S. 149

MÄRKTE IN PALMA

❶ Mercat de Santa Catalina – Genuss im Herzen des Viertels

In der Markthalle stapeln sich frisch gefangener Fisch, knackiges Gemüse und Blumen zwischen Obstkisten, während Einheimische hier ihren Einkauf erledigen – unbedingt mit Hunger kommen! Hier gibt es alles, was die mallorquinische Küche ausmacht.

Plaça de la Navegació, 07013 Palma
Mo–Sa 7:00–16:00 Uhr

WUSSTEN SIE?
Nicht der größere und bekanntere Mercat de l'Olivar, sondern der Mercat de Santa Catalina ist der älteste Markt Palmas.

❷ Mercat de l'Olivar – Vielfalt unter einem Dach

Auch in dieser Markthalle gibt es eine riesige Auswahl an fangfrischem Fisch, mallorquinischen Spezialitäten und internationalen Produkten. Zwischen den Marktständen herrscht reges Treiben, und an kleinen Theken sitzt man auf Barhockern bei frischen Austern, Tapas oder einem Glas Wein.

Plaça de l'Olivar, 07002 Palma
Mo–Sa 7:00–14:30 Uhr, Fr 7:00–20:00 Uhr

INSIDER-TIPP!
Das beste Sushi der Insel? Für uns eindeutig die Sushi-Bar Arume im Mercat de Santa Catalina!

Arume

IN MEINEN KOFFER PACKE ICH

Ein Stück Mallorca muss natürlich mit! Regionale Produkte eignen sich perfekt als Mitbringsel für Familie und Freunde – oder als kleine Erinnerung für sich selbst. Von Olivenöl und Flor de Sal bis hin zu traditionellen Ensaïmadas oder handgefertigten Töpferwaren: Die Insel bietet eine Fülle an typischen Schätzen, die auf keiner Souvenirliste fehlen sollten. Je nach Region stellen wir hochwertige, charakteristische Läden und Manufakturen vor.

INSIDER-TIPP!

❸ Cachao – Mallorca zum Anbeißen

Chocolatier Gaspar verarbeitet nicht nur Bio-Rohschokolade mit Liebe, sondern wählt auch alle Zutaten sorgfältig von der Insel aus. Frische Zitronen und Orangen aus Sóller, das Salz aus Es Trenc. Jedes Stück ist ein kleines Kunstwerk.

Plaça de la Navegació, 14A, 07013 Palma
Mo–Fr 10:00–17:00 Uhr, Sa 10:00–14:00 Uhr

❹ Terra Cuita – Mallorca in Ton

Diese Manufaktur steht für hochwertiges Keramikhandwerk, inspiriert von der reichen Kultur und den Farben Mallorcas. Jedes Stück spiegelt die Farben der Insel wider.

Carrer de la Protectora, 1, 07001 Palma
https://ceramicaterracuita.com

❺ Arquinesia – Düfte des Mittelmeers

Arquinesia fängt die Essenz der Balearen ein – in jeder Nuance ihrer exklusiven Parfums. Inspiriert von der wilden Natur, den Zitrushainen und dem Meer erzählt jeder Duft seine eigene, sinnliche Inselgeschichte.

Carrer de Sant Gaietà, 6A, 07012 Palma
https://arquinesia.com

❻ Rialto Living – stilvoll wohnen, leben und genießen

In diesem kleinen hochklassigen Kaufhaus treffen Luxus, Schönheit, Design und hochwertige Mode aufeinander – ein Ort, der nicht nur zum Stöbern, sondern auch zum Staunen einlädt. Hier findet man immer Inspiration und stilvolle Besonderheiten.

Carrer de Sant Feliu, 3, 07012 Palma
Mo–Sa, 10:00–20:30 Uhr

Fika Farina

FIKA FARINA
COFFEE & BAKERY

⑦ Fika Farina – skandinavische Köstlichkeiten mitten in Palma

Schweden trifft Mallorca: Mitten in Palma versteckt sich eine der besten Bäckereien der Insel – ein echter Geheimtipp! Berühmt für ihre köstlichen Zimtschnecken, die unwiderstehliche Vanille-Ensaïmada und ihre Mandelhörnchen.

Carrer del Sindicat, 4, 07002 Palma
Mo–Fr 08:00–20:00 Uhr, Sa 09:00–14:00 Uhr

ÜBERNACHTEN IN PALMA

Jedes dieser Häuser hat seinen eigenen Charakter – von lässig bis luxuriös.

① Can Bordoy Grand House & Garden €€€€ – Wo Geschichte auf Luxus trifft

Ein eleganter Altstadtpalais mit traumhaftem Garten, nur einen Steinwurf von der Kathedrale entfernt. Dieses Luxus-Hotel bietet nicht nur exklusive Zimmer, sondern auch einen wundervollen Spa-Bereich. Weil man sich ja sonst nichts gönnt!

Carrer del Forn de la Glòria, 14, 07012 Palma
https://www.canbordoy.com

Can Bordoy Grand House & Garden

2 Nobis Hotel €€€ – skandinavischer Stil trifft Mittelmeercharme

Das Hotel mit einer unschlagbaren Lage ist seit 2023 in einem historischen Palast aus dem 12. Jh. untergebracht. Mit dem hauseigenen Restaurant NOI, der exklusiven Dachterrasse und dem wunderschönen Spa-Bereich wird der Aufenthalt zur stilvollen Auszeit.

Carrer de la Missió, 7A, 07003 Palma
https://www.nobishotelpalma.com

3 Portixol Hotel €€€ – Wo der Hafen zum Wohnzimmer wird

Im Trend und direkt am Wasser gelegen, punktet es mit einer Terrasse mit Pool und Ferngläsern auf den Zimmern, um den Blick schweifen zu lassen.

Carrer de Sirena, 27, 07006 Palma
https://www.portixol.com

4 Puro Hotel Oasis Urbano €€ – stylisch, modern, einzigartig!

Das Designhotel vereint urbanen Flair mit mallorquinischem Charme. Eine Rooftop-Bar mit atemberaubendem Blick, eine Cocktailbar sowie ein moderner Spa-Bereich laden ein.

Carrer de Montenegro, 12, 07012 Palma
https://www.purohotel.com

Portixol Hotel

5 El Josemari Youth Hostel € – Gut und günstig

Saubere Zimmer, zentrale Lage und eine junge, freundliche Atmosphäre – ideal für Weltenbummler und alle, die das Abenteuer Palma ohne viel Schnickschnack genießen möchten.

Carrer de la Germans Schembri, 6, 07014 Palma
https://www.hostelworld.com/p/310749

El Josemari Youth Hostel

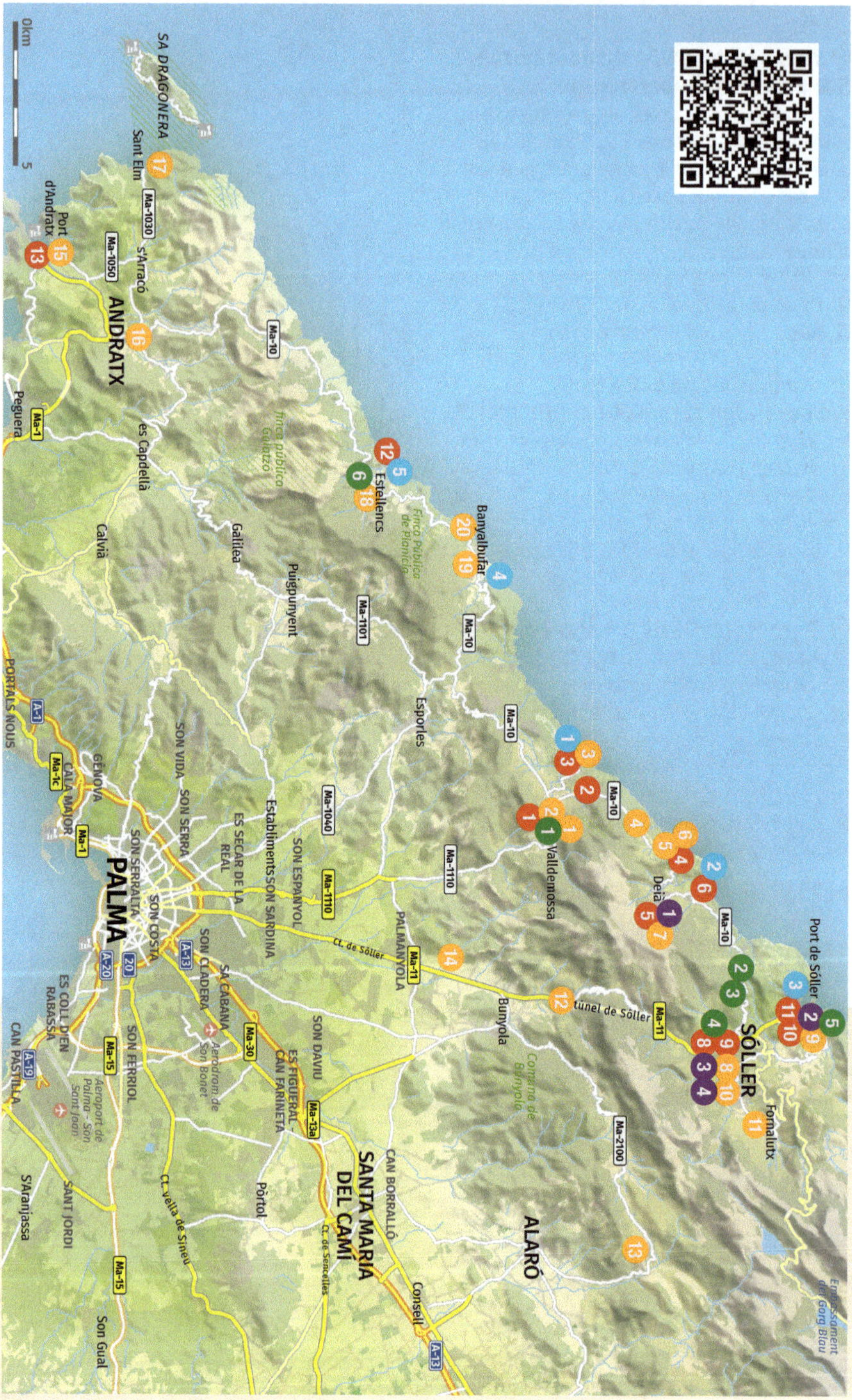
SA DRAGONERA
Sant Elm
s'Arracó
Port d'Andratx
ANDRATX
Peguera
es Capdellà
Calvià
Finca pública Galatzó
Estellencs
Finca Pública de Planícia
Banyalbufar
Galilea
Puigpunyent
Esporles
Valldemossa
Deià
Port de Sóller
SÓLLER
Fornalutx
Embassament del Gorg Blau
túnel de Sóller
Bunyola
Comuna de Bunyola
ALARÓ
SANTA MARIA DEL CAMÍ
CAN BORRALLÓ
Consell
PALMANYOLA
SON DAVIU
ES FIGUERAL
CAN FARINETA
Pòrtol
SON ESPANYOL
Establiments
SON SARDINA
ES SECAR DE LA REAL
SON VIDA
SON SERRA
SON SERRALTA
SON COSTA
SON CLADERA
SA CABANA
Aeròdrom de Son Bonet
PALMA
GÈNOVA
CALA MAJOR
PORTALS NOUS
ES COLL D'EN RABASSA
CAN PASTILLA
SON FERRIOL
Aeroport de Palma - Son Sant Joan
SANT JORDI
S'Aranjassa
Son Gual
Ct. de Sóller
Ct. vella de Sineu
Ct. de Sencelles
Ma-10
Ma-1030
Ma-1050
Ma-1
Ma-1101
Ma-1110
Ma-1040
Ma-11
Ma-2100
Ma-13a
Ma-30
Ma-15
Ma-1C
A-1
A-13
A-20
A-19
0 km
5

DER WESTEN - SPEKTAKULÄRE SERRA DE TRAMUNTANA

Im Westen Mallorcas trifft man in der Serra de Tramuntana auf aufregende Panoramastraßen und romantische Bergdörfer, die so schön sind, dass man sich kaum sattsehen kann. Das spektakuläre Tramuntana-Gebirge wurde nicht ohne Grund zum UNESCO-Weltkulturerbe erklärt.

Entlang der Ma-10, der Küstenstraße von Andratx nach Pollença, schlängeln sich Serpentinen durch die Landschaft. Immer wieder eröffnen sich atemberaubende Ausblicke auf das tiefblaue

ENTDECKEN
1 Valldemossa
2 Finca Son Moragues
3 Port de Valldemossa
4 Miramar
5 Son Marroig
6 Sa Foradada
7 Deià
8 Sóller
9 Port de Sóller
10 La tafona de Can Det
11 Fornalutx
12 Jardins d'Alfabia
13 Castell d'Alaró
14 Raixa
15 Port d'Andratx
16 Andratx
17 Sant Elm
18 Estellencs
19 Banyalbufar
20 Torre del Verger

EIN TAG AM MEER
1 Port de Valldemossa
2 Cala Deià
3 Platja d'en Repic
4 Cala Banyalbufar
5 Cala d'Estellencs

DER GUTE GESCHMACK DES WESTENS
1 Barbaflorida cafè
2 Can Costa Valldemossa
3 Restaurant Es Port de Valldemossa
4 Valldemossa
5 Foradada Restaurant
6 Restaurant Nama
7 Ca's Patró March
8 Ca's Xorc Restaurant
9 Barretes
10 El Petit Bistro
11 Re Organic 100% ecològic
12 Ses Oliveres
13 Restaurant Es Passeig
14 Bar Sa Punteta
15 Marisquería LA GALLEGA

IN MEINEN KOFFER PACKE ICH
1 Gres Gallery
2 Fet a Sollér
3 Alameda Shop
4 La tafona de Can Det

ÜBERNACHTEN IM WESTEN
1 Es Petit Hotel de Valldemossa
2 Hotel Corazón
3 Ca's Xorc Luxury Retreat
4 Finca Can Coll - Country House
5 Bikini Island & Mountain Hotel
6 Petit Hotel Sa Plana

Meer, steile Klippen, terrassenförmig angelegte Olivenhaine mit Schafen und wilden Ziegen und ockerfarbene Dörfer wie Valldemossa, Deià und Sóller. Sóller erkennt man schon von weitem an den Zitronen- und Orangenbäumen, die die Umgebung prägen.

Immer wieder zweigen abenteuerliche Wege hinunter zum Meer ab – etwa zur Cala de Deià oder zum Port de Valldemossa. Diese engen Straßen verlangen Nervenstärke, belohnen jedoch mit einzigartigen Buchten und Ausblicken. Kein Wunder, dass sich hier seit jeher Künstler, Kreative und Freigeister angesiedelt haben.

DEN WESTEN ENTDECKEN

Kartäuserkloster Valldemossa

❶ Valldemossa

Valldemossa schmiegt sich malerisch in die Berge der Serra de Tramuntana. Berühmt ist der Ort vor allem für das Kartäuserkloster, in dem Frédéric Chopin und George Sand einen Winter verbrachten. Die engen Gassen mit ihren charmanten Steinhäusern und die berühmte Zelle Nr. 4 der Kartause machen Valldemossa zu einem der meistbesuchten Orte Mallorcas. Jedes Jahr lockt das Chopin-Festival im Kartäuserkloster Musikliebhaber aus aller Welt an.

- Real Cartuja de Valldemossa, Plaça de la Cartoixa, 07170 Valldemossa
- Täglich, 9:30–18:30 Uhr
- € Erwachsene 9,50 €, Kinder 4 €
- P Kostenpflichtige Parkplätze am Ortseingang

WUSSTEN SIE?

Die Geschichte von Frédéric Chopins und George Sands Aufenthalt im Winter 1838/39 machte das Kloster in Valldemossa weltberühmt. George Sand, eine Adelige und Autorin, veröffentlichte unter ihrem Pseudonym zahlreiche Werke, darunter „Ein Winter auf Mallorca".
Das Paar verbrachte den Winter auf Mallorca, um Chopins Tuberkulose zu lindern. Das kalte und feuchte Kloster verschlechterte seinen Zustand – wer einen Winter auf Mallorca kennt, kann das gut nachvollziehen.
Dennoch schuf Chopin während dieser Zeit einige seiner bedeutendsten Werke.

INTERESSANT!

Zwei Familien stritten sich Jahre darüber, ob Frédéric Chopin und George Sand während ihres Aufenthalts in Zelle 2 oder 4 wohnten. Ein Gericht entschied schließlich zugunsten von Zelle 4, gestützt auf historische Beweise.

Für eine Pause unbedingt in der Bäckerei **Ca'n Molinas** in der Carrer de la Rosa Nr. 4 vorbeischauen auf eine Coca de patata (deren Originalrezept hier gehütet wird) mit einer heißen Schokolade.

② Finca Son Moragues – Besuch einer traditionellen Ölmühle

Die Finca Son Moragues bietet Einblicke in die traditionelle Herstellung von Olivenöl auf Mallorca. Bei einer Führung durch die aktive Ölmühle erfährt der Besucher mehr über den Weg von der Ernte der Oliven im Hain bis hin zur Pressung des goldenen Öls. Die Kunst der Ölproduktion wird anschaulich erklärt, und eine Olivenölverkostung rundet das Erlebnis ab.

- Finca Son Moragues, Carretera de Valldemossa, 07170 Valldemossa
- Mo–Sa 10:00–17:00 Uhr
- € Erwachsene ab 25 €
- http://www.sonmoragues.com

③ Port de Valldemossa

Der Port de Valldemossa ist über eine schmale, serpentinenreiche Straße erreichbar, die eine abenteuerliche Fahrt hinunter zum Meer darstellt. Unten angekommen, erwartet uns ein großartiges Fischlokal, das mit frischen Spezialitäten begeistert. Erstaunenswert, wie die breiten Busse diesen engen Weg meistern.

INTERESSANT!

Erzherzog Ludwig Salvator von Österreich (1847–1915), ein Habsburgerspross, gilt als erster Naturschützer Mallorcas. Auf seinen Schiffsreisen verliebte er sich in die Insel und ließ sich in der Region um Valldemossa nieder. Er erforschte und dokumentierte die Balearen in umfangreichen Werken zu ihrer Natur, Kultur und Geschichte. Durch den Kauf von Ländereien und Häusern bewahrte er Mallorcas Landschaft und kulturelles Erbe. Bis heute wird er für seinen Einsatz für die Natur und Geschichte der Insel hochgeschätzt.

FOTO-SPOT!

Miramar

④ Miramar

Miramar, ein ehemaliges Kloster und Studienzentrum, wurde im 13. Jahrhundert von Ramon Llull gegründet. Später wurde es zum Refugium von Erzherzog Ludwig Salvator, der sich hier seinen wissenschaftlichen Arbeiten zur Erforschung der Balearen widmete. Mit seinem beeindruckenden Weitblick auf die Küstenlinie zählt es zu unseren Lieblingsorten.

- Miramar, Ma-10, 07170 Valldemossa
- Mo–Sa 9:30 – 17:00 Uhr
- € Erwachsene 5 €
- Über die Ma-10 von Valldemossa in Richtung Deià

INTERESSANT!

Miramar wurde nach dem Tod des Erzherzogs seinem langjährigen Sekretär vermacht, ebenso wie weitere Besitztümer. Es wird gemunkelt, dass der Erzherzog Kinder mit der Tochter seines Sekretärs hatte – ein Gerücht, das bis heute für Spekulationen sorgt.

Miramar

WUSSTEN SIE?

Wer war Ramon Llull?
Der Philosoph aus dem 13. Jahrhundert gilt als einer der einflussreichsten Denker Mallorcas. Sein Vermächtnis begegnet uns bis heute in Einsiedeleien, Kirchen und Klöstern.

5 Son Marroig

Ein weiteres Anwesen des Habsburger Erzherzogs bietet einen großartigen Blick auf die steilen Küsten und die markante Felsformation „Sa Foradada". Der berühmte Marmorpavillon, ein zentrales Element der Anlage, prägt viele Postkarten von Mallorca. Das Herrenhaus beherbergt heute ein kleines Museum, welches Einblicke in das Leben und Wirken des Erzherzogs gibt. Nicht nur der Sonnenuntergang macht auch Son Marroig zu einem unserer Lieblingsplätze.

- Son Marroig, Ma-10, Kilometer 67,5, 07179 Deià
- Mo–Sa 9:30–18:00 Uhr
- € Erwachsene 4 €
- Über die Ma-10 von Valldemossa Richtung Deià, bei Kilometer 67,5

INTERESSANT!

Was machte Kaiserin Sisi auf Son Marroig? Sie besuchte ihren Cousin, Erzherzog Ludwig Salvator zweimal. Als Geschenk brachte sie ihm einmal eine Marienfigur mit, die heute in Son Marroig ausgestellt ist.

Sa Foradada

6 Mirador de Sa Foradada

Der Mirador de Sa Foradada bietet einen guten Blick auf die Felsformation „Sa Foradada“ und das umliegende Meer. Der Aussichtspunkt ist besonders vor Sonnenuntergang ein beliebtes Ziel. Ein steiler Wanderweg führt hinunter zu einer kleinen Bucht und dem beliebten Fisch-Restaurant Sa Foradada.

- Mirador de Sa Foradada, Ma-10, Nähe Son Marroig, 07179 Deià
- Über die Ma-10 von Deià oder Valldemossa
- Kostenlose Parkmöglichkeiten an der Ma-10 beim Anwesen Son Marroig

WUSSTEN SIE?
Der höchste Berg Mallorcas, der Puig Major, erreicht 1.445 Meter, doch sein Gipfel ist militärisches Sperrgebiet. Der höchste begehbare Gipfel ist der Penyal des Migdia mit 1.398 Metern.

7 Deià

Deià, ein malerisches Dorf in der Serra de Tramuntana, ist bekannt für ockerfarbene Steinhäuser, die sich harmonisch in die Berglandschaft einfügen. Seit jeher zieht das charmante Künstlerdorf Kreative an. Einer der bekanntesten Einwohner war der Schriftsteller Robert Graves, dessen ehemaliges Wohnhaus heute als Museum Einblicke in sein Leben und Werk gibt.

- Robert Graves Museum, Carrer Robert Graves 2, 07179 Deià
- Di–Sa 10:00–17:00 Uhr
- € Erwachsene 5 €
- Über die Ma-10 von Valldemossa oder Sóller
- Öffentliche Parkplätze am Ortseingang, das Dorf ist am besten zu Fuß erkundbar

Deià

Sóller

8 Sóller

Sóller, im Herzen der Serra de Tramuntana, ist umgeben von Orangen- und Zitronenhainen und bekannt für traditionelle Architektur und die historische Straßenbahn. Im Zentrum liegt die Plaça Constitució, überragt von der imposanten Kirche Sant Bartomeu und umgeben von Cafés und Restaurants. Eine Fahrt mit der nostalgischen Bahn zum Port de Sóller und ein Besuch im Jardí Botànic gehören zu den Highlights. Sóller ist auch ein idealer Ausgangspunkt für Wanderungen in die Berge oder für einen Besuch im nahegelegenen Hafen Port de Sóller.

- Sóller, Stadtzentrum, 07100 Sóller
- Über die Ma-11 von Palma Richtung Sóller oder mit dem historischen Zug „Ferrocarril de Sóller" von Palma aus.
- Kostenpflichtige Parkplätze am Stadtrand, das Zentrum ist zu Fuß erreichbar

Sant Bartomeu

Port de Sóller

Jardí Botànic de Sóller:
Im Botanischen Garten finden sich zahlreiche geschützte Pflanzenarten der Balearen sowie eine umfassende Sammlung aus anderen mediterranen Regionen. Ein Spaziergang im Garten mit den herrlich duftenden Zitrusbäumen ist immer eine willkommene Abwechslung.

- Jardí Botànic de Sóller, Carrer del Retiro 2, 07100 Sóller
- Mo–Fr 10:00–18:00 Uhr, Sa 10:00–14:00 Uhr
- € Erwachsene 8 €, Kinder 5 €

9 Port de Sóller
Der Hafen von Sóller schmiegt sich in eine malerische Bucht mit einer langen Promenade. Zahlreiche Restaurants, Bars und Geschäfte säumen den Weg. Hier endet auch die nostalgische Straßenbahn, die von Sóller durch Orangen- und Zitronenhaine fährt. Ein Fußweg führt zum Leuchtturm.

- Port de Sóller, Hafenbereich, 07108 Sóller
- Von Sóller über die Ma-2124 Richtung Port de Sóller
- P Kostenpflichtige Parkplätze im Hafenbereich

10 Ölmühle La tafona de Can Det
Etwas außerhalb von Sóller, am Weg nach Fornalutx, liegt die Ölmühle Can Det, die seit dem 16. Jahrhundert in Betrieb ist. Man kann die Mühle und das historische Haus besichtigen und mit einer Führung etwas über die traditionelle Olivenölherstellung erfahren.

- Can Det, Camí de Sa Vinyassa, 07100 Sóller
- Täglich, 10:00–18:00 Uhr (Führungen nach Vereinbarung)
- € Abhängig von der Führung, Preise auf Anfrage
- Von Sóller Richtung Fornalutx, dann den Schildern nach Can Det folgen
- http://www.candet.es

La tafona de Can Det

⓫ Fornalutx

Oft als eines der schönsten Dörfer Spaniens bezeichnet, liegt Fornalutx hoch in der Serra de Tramuntana. Bekannt für steinerne Gassen, blumengeschmückte Balkone und gut erhaltene Steinhäuser, zeugt das über 1000 Jahre alte Dorf von maurischen Einflüssen. Umgeben von Zitrusplantagen und Bergen ist es ein beliebter Ausgangspunkt für Wanderungen, etwa auf dem Fernwanderweg GR-221.

- Fornalutx Ortszentrum, 07109 Fornalutx
- Über die Ma-10 von Sóller oder Lluc
- Kostenpflichtige Parkplätze am Ortseingang, das Dorf ist zu Fuß erkundbar

Fornalutx

⓬ Jardins d'Alfàbia

Besonders im Sommer bieten die Gärten mit dem historischen Herrenhaus bei Bunyola eine willkommene Rückzugsmöglichkeit. Die arabisch inspirierte Anlage verzaubert mit plätschernden Wasserspielen, Brunnen, Zisternen und schattigen Wegen. Das Herrenhaus vereint maurische, barocke und gotische Elemente und entführt Besucher in das Leben vergangener Jahrhunderte. Ein kleines Café in den Gärten lädt zu einer Pause ein.

- Ctra. Palma–Sóller, Km 17, 07110 Bunyola
- Täglich 9:30–18:30 Uhr, im Winter geschlossen
- € Erwachsene 8 €, Kinder ab 10 Jahren 3 €
- http://www.jardinsdesalfabia.com

Jardins d'Alfàbia

⑬ Castell d'Alaró

Die Festungsruine auf dem 825 Meter hohen Puig d'Alaró aus dem Jahre 902 diente immer wieder als Rückzugsort während verschiedener Kriege. Die Burg galt lange als uneinnehmbar und ist heute ein Symbol für Freiheit und Widerstand.
Der Aufstieg zum Castell d'Alaró führt von Alaró aus über einen gut ausgeschilderten Weg durch die felsige Landschaft der Serra de Tramuntana und dauert etwa 1,5 Stunden. Auf dem Gipfel befinden sich neben den Ruinen eine kleine Kapelle und eine Herberge, die einfache Speisen und Getränke anbietet.

- Ortszentrum, 07340 Alaró
- Über die Ma-2022 von Palma oder Inca

GUT ZU WISSEN!
Bei diesen Warnschildern sollten Sie vorsichtig sein:
Prohibit pasar (oder Prohibido el paso): Durchgang verboten!
Vedat privat de caça (Coto privado de caza): Privates Jagdgebiet (auch durch eine schräg schwarz-weiß geteilte Tafel gekennzeichnet)

14 Finca Raixa

Das Herrenhaus mit terrassenförmig angelegten Gärten aus der Zeit der maurischen Kolonisation eignet sich im Sommer ebenso wie die Jardins d'Alfabia zur Abkühlung und Erholung. Zu bewundern gibt es am Landsitz des ehemaligen mallorquinischen Adels gut erhaltene Innenräume und prächtige Gartenanlagen. Die Finca ist mit Ausstellungen auch als Informationszentrum für die Serra de Tramuntana tätig.

- Finca Raixa, Ma-11, Kilometer 12, 07110 Bunyola
- Di– Sa 10:00–15:00 Uhr
- Von Palma über die Ma-11 Richtung Sóller, der Beschilderung nach Raixa folgen
- € Eintritt frei

Typisch Mallorca!

Viele der prachtvollen Herrenhäuser wurden aufwendig restauriert und dienen heute als stilvolle und oft hochpreisige Unterkünfte.

DER SÜDWESTEN

mit der Insel Sa Dragonera – Der Drache und das Meer

15 Port d'Andratx

Der Hafen mit seinen eleganten Yachten, einer Promenade mit Cafés und Restaurants sowie kleinen Boutiquen liegt zwischen grünen Hügeln und Buchten und ist im Sommer ein Hotspot der Reichen und Prominenten.

- Hafenbereich, 07157 Andratx
- Über die Ma-1 von Palma Richtung Andratx und dann weiter zum Hafen
- Kostenpflichtige Parkplätze im Hafenbereich

16 Andratx

Nur wenige Kilometer vom Hafen entfernt, erinnert das historische Zentrum mit seinen verwinkelten Gassen und der Kirche Santa Maria d'Andratx wieder an das traditionelle Mallorca. Jeden Mittwoch findet hier ein Wochenmarkt statt.

- Ortszentrum, 07150 Andratx
- Über die Ma-1 von Palma Richtung Andratx
- Kostenpflichtige Parkplätze im Ortszentrum und kostenfreie Parkmöglichkeiten am Stadtrand

17 Sant Elm und Sa Dragonera

Sant Elm ist der Ausgangspunkt für die Überfahrt zur Insel Sa Dragonera, um die sich Legenden von Piraten und Schmugglern ranken. Das Naturschutzgebiet lädt zu Wanderungen zu alten Leuchttürmen und geheimnisvollen Höhlen ein – stets begleitet von den nur hier beheimateten Dragonera-Eidechsen.

- Av. Jaume I, 29, 07159 Sant Elm
- Kostenpflichtige Parkplätze am Ortseingang
- € Erwachsene ab 18 €
- http://www.crucerosmargarita.com

18 Estellencs

Das authentische Bergdorf mit seinen traditionellen Steinhäusern, terrassierten Hängen und unberührter Natur liegt malerisch zwischen Meer und Bergen. Am Mirador d'Estellencs hat man wieder einmal eine großartige Aussicht auf das Meer.

- Ortszentrum, 07192 Estellencs
- Über die Ma-10 von Andratx oder Valldemossa

19 Banyalbufar

Seit der Zeit der Mauren, die ausgeklügelte Bewässerungssysteme errichteten, werden die terrassierten Hänge, die sich bis zum Meer erstrecken, für den Wein- und Gemüseanbau genutzt. Banyalbufar ist auch Ausgangspunkt für Wanderungen, darunter der Weg zur Cala Banyalbufar, einer kleinen Bucht mit einem Wasserfall.

- Ortszentrum, 07191 Banyalbufar
- Über die Ma-10 von Valldemossa oder Estellencs
- Kostenpflichtige Parkplätze am Ortseingang

Torre des Verger

⑳ Aussichtspunkt Torre des Verger (Banyalbufar)

Der historische Wachturm, auch bekannt als Mirador de ses Ànimes, bietet einen prächtigen Blick auf die Westküste und das Meer – besonders beeindruckend bei Sonnenuntergang.

- Torre des Verger, Ma-10, Kilometer 88, 07191 Banyalbufar
- Über die Ma-10 von Banyalbufar Richtung Estellencs
- Kleine Parkbucht direkt an der Ma-10

INTERESSANT!

Warum hat der Turm zwei Namen? Torre des Verger (Obstgarten) verweist auf die Nähe zu Obstgärten, während Mirador de ses Ànimes (Seelen) auf die Legende von den Verstorbenen und deren Seelen hinweist.

Typisch Mallorca!

Wehrtürme – Wächter der Geschichte
Die Wehrtürme entlang Mallorcas Küsten sind stille Zeugen einer bewegten Vergangenheit. Einst dienten sie als Warnsystem: Rauch- und Feuersignalen warnten die Bewohner vor Piraten und Freibeutern, die die Insel über Jahrhunderte bedrohten.

Ferrocarril de Sóller

DEN WESTEN ERLEBEN

Der **Ferrocarril de Sóller** verbindet auf reizvollen 27 km Palma mit dem Ort Sóller. Die historische Zugfahrt führt durch das Tramuntana-Gebirge, vorbei an duftenden Orangen- und Zitronenhainen, Olivenfeldern und zahlreichen Tunneln. Die Zugfahrt bietet eine tolle Gelegenheit, die vielfältigen Landschaften und Klimazonen Mallorcas kennen zu lernen.

- Plaça d'Espanya, 07002 Palma
- Abfahrten von Palma täglich um 10:10, 10:50, 12:15 und 13:30 Uhr
- € Erwachsene 32 €, Kinder 3–12 Jahre 16 €
- https://trendesoller.com

Die malerische **Küstenwanderung von Port de Sóller nach Deià** beginnt am Leuchtturm von Port de Sóller und folgt dem GR-221 entlang der Küste. Die 7 Kilometer lange Route führt durch Pinienwälder und Olivenhaine mit Blick auf das Mittelmeer. In Deià lädt das Café Sa Fonda zu Tapas ein. Für den Rückweg stehen die Buslinie L210 oder ein Taxi zur Verfügung.

Naturpark Sa Dragonera –
Mit dem Boot zur Dracheninsel

Die unbewohnte Insel vor der Westküste Mallorcas ist Teil eines Naturparks und bekannt für ihre unberührte Landschaft und Tierwelt. Gut ausgeschilderte Wanderwege führen zu Leuchttürmen und Aussichtspunkten. Bootstransfers starten von Sant Elm. Die Überfahrt dauert etwa 20 Minuten.

- Avinguda de la Trapa, 07159 Sant Elm
- € Bootstransfer nach Sa Dragonera ab € 12,-
- Über die Ma-1 nach Sant Elm, von dort Bootstransfer zur Insel
- Kostenpflichtige Parkmöglichkeiten in Sant Elm

Sa Dragonera

WUSSTEN SIE?
Auf der Insel Sa Dragonera lebt die Balearen-Eidechse, eine Art, die ausschließlich hier vorkommt.

Cala de Deià

EIN TAG AM MEER

Mallorcas Westküste eignet sich weniger für einen klassischen Badetag am Strand als die Nord-, Ost- oder Südküste. Die Küste ist steil und von Felsen geprägt, doch der abenteuerliche Abstecher hinunter lohnt sich – die versteckten Buchten und die beeindruckende Schönheit der Landschaft sind einzigartig.

Port de Valldemossa

1 Port de Valldemossa

Auch dieser kleine Fischerhafen ist nur über eine abenteuerliche, serpentinenreiche Straße erreichbar. Erstaunlich, dass es an einem so abgelegenen Ort ein so bekanntes Restaurant gibt – das Es Port, berühmt für seine Fisch- und Meeresfrüchtegerichte.

- Carrer Ponent 5, 07170 Valldemossa
- Täglich 10:00–18:00 Uhr
- Reservierung: +34 971 61 61 94

2 Cala de Deià

Die kleine, felsige Bucht ist einen Besuch wert – schon allein wegen der beiden rustikalen Lokale, die frische Meeresgerichte mit Blick aufs Wasser servieren.

- Nahe Deià, erreichbar über eine schmale Straße, die von der Ma-10 abzweigt.

3 Platja d'en Repic in Port de Sóller

Einer der wenigen Sandstrände an der Westküste mit Liegenverleih und zahlreichen Restaurants.

- Am südlichen Ende von Port de Sóller, entlang der Promenade

INSIDER-TIPP!

4 Cala Banyalbufar

Der kleine Wasserfall, der in der Bucht als Dusche dient, ist eine echte Attraktion. Es gibt keine Gastronomie. Die Anfahrt ist weniger abenteuerlich als beispielsweise nach Port de Valldemossa.
Lage: Unterhalb des Dorfes Banyalbufar an der Westküste, erreichbar über die Ma-10 und eine schmale Straße. Am Parkplatz geht es über eine steile Treppe zur Bucht.

5 Cala d'Estellencs

Eine wunderschöne Naturbucht mit felsigem Kiesstrand und einem Café/Bar (im Sommer), die die Mühe einer 30-minütigen Wanderung vom Parkplatz wert ist.

In der Nähe des Dorfes Estellencs, an der Ma-10 gelegen, befindet sich ein Parkplatz

DER GUTE GESCHMACK DES WESTENS

Valldemossa

① Barbaflorida-Café

Das Barbaflorida-Café bietet hausgemachte Kuchen, exzellenten Kaffee und leichte Gerichte zu fairen Preisen. Ein beliebter Treffpunkt, besonders bei jüngerem Publikum, das in Valldemossa ein entspanntes und preiswertes Lokal sucht.

- Carrer de Jovellanos, 6, 07170 Valldemossa
- https://www.barbafloridacafe.com

② Can Costa

Etwas außerhalb von Valldemossa, auf einer Bergkuppe gelegen, liegt die wunderschön erhaltene Ölmühle. Familiäre Atmosphäre mit bodenständiger cocina mallorquina.

- Ma-10, Kilometer 66, 07170 Valldemossa
- Reservierung: +34 971 612 263

③ Restaurant Es Port de Valldemossa

Wer den kurvigen, steilen und engen Weg nach Port de Valldemossa gemeistert hat, wird belohnt - nicht nur mit einer traumhaften Kulisse, sondern auch mit einem echten kulinarischen Highlight. Das Es Port, seit 1969 fester Bestandteil der mallorquinischen Gastronomie, gilt als eines der besten Fischlokale der Insel.

- Carrer Ponent, 5, Port de Valldemossa, 07170 Valldemossa
- Reservierung: +34 971 61 61 94

Deia

④ Foradada Restaurant

Am Mirador gelegen, zählt das Foradada zu den begehrtesten Sonnenuntergangsrestaurants der Insel. Die atemberaubende Aussicht und die exquisite Küche ergänzen sich perfekt. Im Sommer lädt die Mirador Bar zum Aperitif ein, während die Sonne langsam im Meer versinkt.

- Carretera Ma-10, Mirador de Sa Foradada, 07179 Deià
- Reservierung: +34 971 639 137
- https://foradadarestaurant.com

⑤ Restaurant Nama

Ein Geschenk, im Nama auf der Terrasse zu sitzen, den Blick in das Tramuntana-Gebirge schweifen zu lassen und die Kulisse des malerischen Deià im Rücken zu spüren. Ein seltenes Kleinod mit Ausrichtung auf südostasiatische Küche. Wer eine Pause von der inseltypischen Küche sucht, ist hier genau richtig.

- Carrer Felipe Bauzà, 1, 07179 Deià
- Reservierung: +34 971 636 102
- www.namamallorca.com

Ca's Patró March

Cala Deià

6 Ca's Patró March

Lage, Lage, Lage – das Ca's Patró March liegt direkt in der felsigen Bucht der Cala Deià und bietet eine epische Kulisse. Der Blick auf das türkisfarbene Wasser und die rauen Klippen ist einzigartig. Ein Tisch ist hier nicht leicht zu bekommen, doch – einmal muss man hier gewesen sein.

- Cala Deià, 07179 Deià
- Reservierung: https://caspatromarch.myres.too.net/es/standby/bookings

7 Barretes – Ca's Xorc

Exklusiv und renommiert, so wie das angrenzende Hotel. Die Aussicht in der ehemaligen Olivenölmühle und die kreativen Gerichte von Chefkoch Pep Lluís Mayol machen das Barretes zu einem der begehrtesten Plätze des Westens.

- Carretera de Deià, Km 56.1, 07100 Sóller
- https://www.casxorc.com
- Reservierung: +34 971 63 83 30

Sóller

8 El Petit Bistro

Klein, fein und voller Charme: Das El Petit Bistro ist eine Mischung aus Restaurant und Heladería. Neben gutem Essen steht hier die Liebe zu hausgemachtem Eis im Mittelpunkt.

- Plaça de sa Constitució, 3, 07100 Sóller
- https://www.elpetitsoller.com/
- Reservierung: +34 971 57 66 55

Ca's Xorc

⑨ Re Organic

Vegan und allerlei in Bio-Qualität. Dieses Konzept ermöglicht es verschiedenen Ernährungstypen gemeinsam köstliche, gesunde Mahlzeiten zu genießen.

- Carrer de Sa Mar, 43, 07100 Sóller
- https://reorganic.es
- +34 971 63 89 92

Port de Sóller

⑩ Ses Oliveres

Die Adresse für frischen Fisch und Meeresfrüchte in Port de Sóller. Das Ses Oliveres gilt inselweit als Top-Tipp. Besonders die Paella mit Meeresfrüchten (Arroces Marisco) ist ein Traum.

- Passeig Es Traves, 18, 07108 Port de Sóller
- https://sesoliveres.myrestoo.net/es/reservar
- +34 971 63 41 68

INSIDER-TIPP!

⑪ Restaurant Es Passeig

Seit über zwei Jahrzehnten führen Marcel und Yvonne das Es Passeig in Port de Sóller – ein Geheimtipp für alle, die das Besondere suchen. Ein Highlight auf der Karte sind die Cannelloni, gefüllt mit rohem Tatar aus Sóller-Garnelen.

- Paseo de la Playa, 8, 07108 Port de Sóller
- https://espasseig.myrestoo.net/de/standby/bookings

Estellenc

⑫ Bar Sa Punteta – Cala d'Estellencs

In der Bucht von Cala d'Estellencs, versteckt zwischen Felsen, liegt dieser Geheimtipp. Die kleine, feine Karte bietet köstliches Pa amb Oli, mallorquinischen Käse und Serrano-Schinken. Und es gibt einen wirklich guten Cortado.

- Diseminado Carretera al Mar, 57, 07192 Estellencs
- +34 655 48 88 41

Port d'Andratx

⑬ Marisquería LA GALLEGA

Dieses Seafood-Kleinod im Hafen von Andratx gilt oft als **das** Fischrestaurant der Insel. Ohne eigene Website, dafür mit einem charmanten Facebook-Auftritt. Unser Tipp: Probieren Sie den Steinbutt – einfach köstlich!

- Carrer de Isaac Peral, 52, 07157 Port d'Andratx
- Täglich außer dienstags 13:00–22:00 Uhr
- +34 971 67 13 38

LA GALLEGA

MÄRKTE IM WESTEN

Valldemossa

Direkt im Ortszentrum findet sonntags der Wochenmarkt statt.

INSIDER-TIPP!
In den Sommermonaten präsentieren Künstler ihre Werke in der Gartenanlage hinter der Kartause.

Deià

Vor der traumhaften Kulisse des Bergdorfs macht der Bummel über den kleinen Wochenmarkt, der mittwochs unterhalb des Hauptparkplatzes stattfindet, noch mehr Freude.

INSIDER-TIPP!
Ein Highlight ist der Kaffeestand von Eduardo Santa Cruz – Cruz Coffee!

Sóller
Relativ groß ist dieser Wochenmarkt, der immer samstags in der Innenstadt stattfindet. Ein Muss sind die Produkte aus den Sóller-Zitrusfrüchten: Säfte, Eis, Kuchen, Marmeladen und mehr. Falls Sie diesen Markt verpassen, bietet sich sonntags in Valldemossa die nächste Gelegenheit.

Andratx
Immer mittwochs bringen die Bauern ihre frischen Produkte ins Ortszentrum zum Wochenmarkt – mallorquinischer Käse, Oliven und handgefertigtes Kunsthandwerk inklusive.

IN MEINEN KOFFER PACKE ICH

❶ Gres Gallery – Deià
Mutter und Tochter aus einer Künstlerfamilie fertigen hier außergewöhnliche Keramikkunst, inspiriert von der natürlichen Schönheit der umliegenden Landschaft. Die Kunstwerke sind einzigartig und haben ihren (gerechtfertigten) Preis.

Carrer Arxiduc Luis Salvador, 4, 07179 Deià
https://www.gresgallery.com

WUSSTEN SIE?
„Gres“ bedeutet auf Katalanisch „Steinzeug“.

❷ Fet a Sóller – Port de Sóller
Spezialitäten aus der Region auf einen Blick: von Olivenöl und Orangenmarmelade bis zu handgemachter Kosmetik und mallorquinischen Delikatessen.

Carrer d‘Antoni Montis, 1, 07108 Port de Sóller
https://www.fetasoller.com

INSIDER-TIPP!

❸ Alameda Shop – Sóller

Entzückender Kreativ-Store in einer charmanten Seitengasse. Handgefertigte Produkte von lokalen Designern treffen auf eine gemütliche Café-Ecke mit hausgemachten Leckereien.

Carrer des Metge A. Maiol, 2, Sóller
https://www.thealamedashop.com

❹ Ölmühle La Tafona de Can Det (→Seite 54)

Neben dem Olivenöl kann man in der Mühle auch weitere Spezialitäten erwerben.

INSIDER-TIPP!
Nach dem Besuch lohnt sich ein kurzer Stopp im Café Sa Creu nebenan – hier gibt es großartige Kuchen!

Carrer d'Ozones, 8, Sóller
https://www.candet.es

ÜBERNACHTEN IM WESTEN

Ein Großteil der Hotels und Fincas außerhalb von Palma bleibt zwischen Dezember und Februar, häufig sogar bis März, geschlossen. In dieser Zeit legen viele Unterkünfte eine Winterpause ein, sodass es ratsam ist, vorab zu prüfen, welche Optionen verfügbar sind.

1 Es Petit Hotel de Valldemossa €€ - €€€

Kleines Boutique-Hotel im Zentrum, schöne Terrasse mit Bergblick zum Frühstück.

Carrer Uetam, 1, 07170 Valldemossa
https://espetithotel-valldemossa.com

2 Hotel Corazon – ungewöhnlich außergewöhnlich €€€€ - €€€€€

(im Winter geschlossen)
Zwischen Deià und Sóller gelegen, befindet sich dieses extravagante Boutique-Hotel in einer renovierten Finca aus dem 16. Jahrhundert. Mit eigener Farm, marokkanisch-mexikanisch inspiriertem Design und Fokus auf Naturverbundenheit bietet es auch Kreativkurse an.

Carretera de Deià, km 56,7, 07100 Sóller
https://www.hotelcorazon.com

3 Ca's Xorc Luxury Retreat €€€

Mit seinem romantischen Garten, dem hochklassigen Restaurant „Barretes" und der traumhaften, abgeschiedenen Lage im Tramuntana-Gebirge zählt dieses Hotel nur für Erwachsene zu den ganz großen Tipps für Genießer.

Carretera de Deià, Km 56.1, 07100 Sóller
https://www.casxorc.com

4 Finca Can Coll €€€

Eine dieser typisch, wunderschön renovierten Fincas, die mit viel Stil und Geschmack restauriert wurden und dabei das Ursprüngliche bewahren. Diese Art zu wohnen liegt absolut im Trend: auf nichts verzichten und dennoch die mallorquinische Lebensart spüren – ein Traum! Wir lieben diese Art von Boutique-Agroturismo, in denen man sich mit der Natur verbunden fühlt. Meist befinden sie sich in absolut traumhafter Lage und sind von bezaubernden Gärten umgeben.

Cami de Can Coll, 1, 07100, Sóller
https://www.fincacancoll.com

5 Bikini Island & Mountain Port de Sóller €€€

Das Refugium für Erwachsene bietet einen wunderschönen Blick auf die Bucht von Port de Sóller. Im BOHO-Stil, kurz für Bohemian-Stil, mit beheiztem Pool. Das trendige NENI-Restaurant ist direkt angeschlossen.

Carrer de Migjorn, 2, 07108 Port de Sóller
https://bikini-hotels.com/de/mallorca-hotels/port-de-soller/

6 Sa Plana Petit Hotel – authentisch mallorquinisch €€

Dieses kleine Hotel in Estellencs bietet fünf gemütliche Zimmer in einer traditionellen Finca, geführt von einer Winzerfamilie. Wunderbar ist das typisch mallorquinische Frühstück im Garten unter alten Olivenbäumen.

Carrer d'Eusebi Pascual, 3-7, 07192 Estellencs
https://www.saplana.com

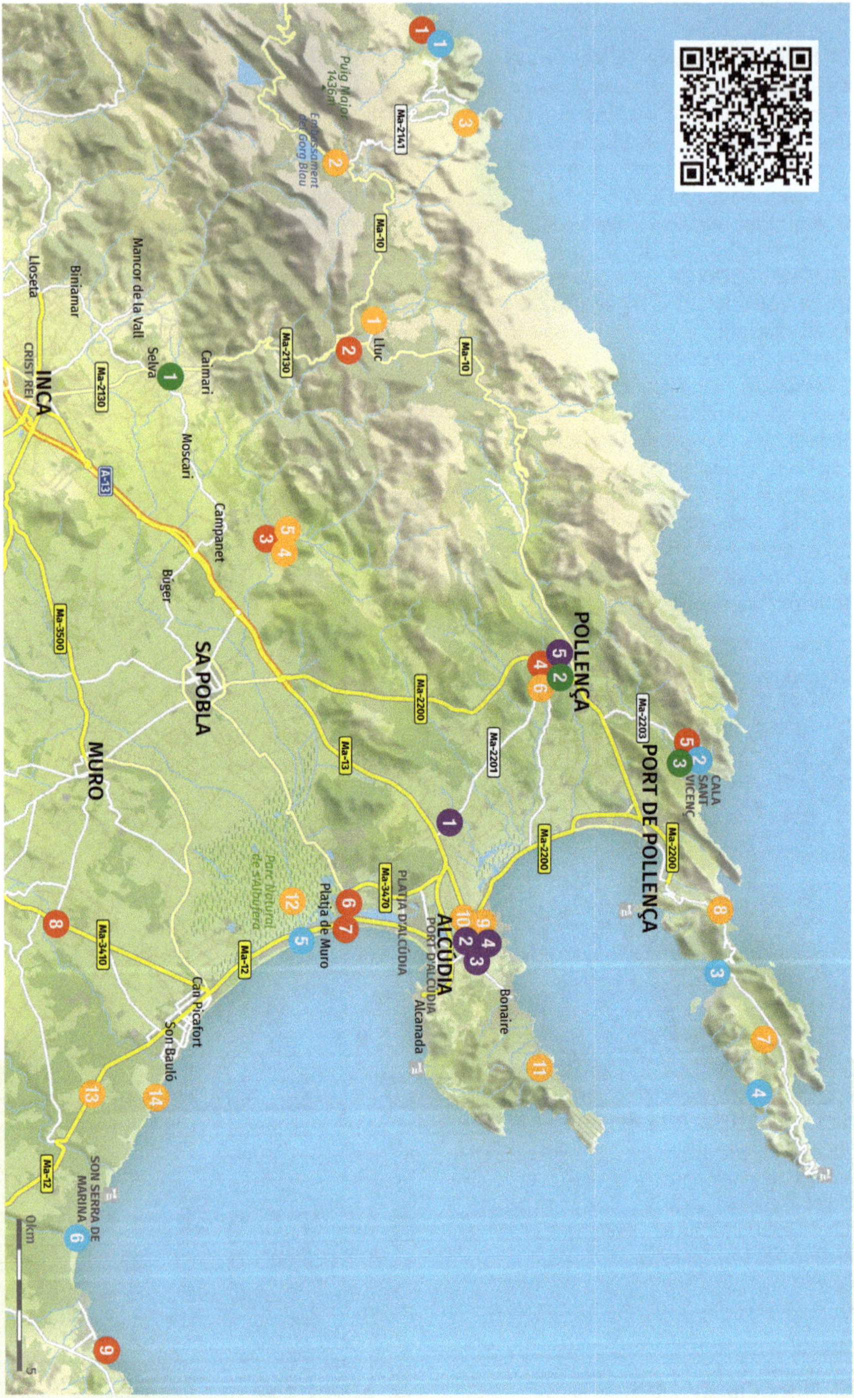

Puig Major
1436m
Embassament del Gorg Blau
Ma-2141
Ma-10
Lluc
Ma-2130
Mancor de la Vall
Biniamar
Lloseta
Selva
Caimari
INCA
CRIST REI
Moscari
A-13
Campanet
Búger
SA POBLA
Ma-3500
MURO
POLLENÇA
Ma-2200
Ma-2201
Ma-13
Ma-2203
PORT DE POLLENÇA
CALA SANT VICENÇ
Parc Natural de s'Albufera
Platja de Muro
Ma-3470
PLATJA D'ALCÚDIA
ALCÚDIA
PORT D'ALCÚDIA
Alcanada
Bonaire
Ma-12
Ma-3410
Can Picafort
Son Bauló
SON SERRA DE MARINA
0km
5

Cap de Formentor

DER NORDEN - CAP DE FORMENTOR UND DIE BUCHT VON ALCUDIA

Im Norden Mallorcas spielt erneut die Natur die Hauptrolle: Im Nordwesten atemberaubende Klippen, tiefe Schluchten, Stauseen und spektakuläre Aussichten – mit der schönsten Landspitze, dem Cap de Formentor. Im Nordosten wechseln sich lange, goldene Sandstrände – wie der von Alcúdia – mit geschützten Naturreservaten ab.

Die historische Stadt Alcúdia, mit ihrer von den Mauren geprägten, komplett erhaltenen Stadtmauer und ihrem arabisch-mallorquinischen Flair, liegt nahe den Überresten der antiken römischen Siedlung Pol·lèntia, die einst die Hauptstadt Mallorcas war. Die Necròpolis de Son Real wiederum ist eine der bedeutendsten Zeugnisse der Talaiot-Kultur auf Mallorca.

ENTDECKEN

1 Santuari de Lluc
2 Mirador des Gorg Blau
3 Torrent de Pareis
4 Coves de Campanet
5 Ses Fonts Ufanes
6 Pollença
7 Cap de Formentor
8 Mirador Es Colomer
9 Alcúdia
10 Ruïnes Romanes de Pol·lèntia
11 Ermita de la Victoria
12 Parc Natural de s'Albufera
13 Finca Son Real
14 Necropolis de Son Real

EIN TAG AM MEER

1 Cala Tuent
2 Cala Sant Vicenç
3 Platja de Formentor
4 Cala Murta
5 Platja de Muro
6 Platja de Son Serra de Marina

DER GUTE GESCHMACK DES NORDENS

1 Restaurant Es Vergeret
2 Restaurant Es Guix
3 Ses Coves Grill
4 Ca'n Moixet
5 Restaurant U Mayol
6 Los Patos Restaurant
7 El Patio Steak House
8 Es Turó
9 Sa Xarxa

IN MEINEN KOFFER PACKE ICH

1 Oli Solivellas
2 Sa Caseta Gourmet
3 Panaderia Can Corró
4 Audali Living
5 Shobha-Diane

ÜBERNACHTEN IM NORDEN

1 Son Gris - Charming Rooms
2 Son Sant Jordi
3 Hotel El Vicenç de la Mar

Santuari de Lluc

DEN NORDEN ENTDECKEN

1 Santuari de Lluc – spirituelles Zentrum der Serra de Tramuntana

Inmitten der beeindruckenden Berglandschaft liegt das Kloster Lluc, einer der bedeutendsten Wallfahrtsorte Mallorcas. Die Basilika ist bekannt für die Statue der schwarzen Madonna, La Moreneta, die als Schutzpatronin der Insel verehrt wird. Beliebt sind Konzerte des Knabenchors „Els Blauets". Neben der Basilika lohnt sich ein Besuch der botanischen Gärten sowie des Museums, das die Geschichte und Bedeutung des Klosters dokumentiert. Die umliegenden Wälder und Wanderwege machen Lluc auch für Naturliebhaber interessant.

- Plaza Peregrins, 1, 07315 Lluc, Mallorca
- Täglich, 10:00–17:00 Uhr
- € Basilika kostenlos, Museum und Gärten: ca. 5 €

2 Mirador des Gorg Blau – Die Stauseen Cúber und Gorg Blau

Entlang der Ma-10, eingebettet in die höchsten Gipfel der Serra de Tramuntana, liegen die beiden beeindruckenden Stauseen Cúber und Gorg Blau. Sie sind nicht nur essenziell für die Wasserversorgung Mallorcas, sondern auch ein beliebtes Ziel für Wanderer und Naturfreunde.

Cúber-Stausee

Der erste Stausee auf der Strecke ist bekannt für seinen flachen Rundweg, der sich hervorragend für eine kurze Wanderung eignet und auch für Familien gut begehbar ist. Manchmal begegnet man hier wild lebenden Eseln.

Gorg Blau-Stausee

Etwas weiter unten liegt der dramatisch wirkende Gorg Blau, umgeben von steilen Felswänden und dichten Wäldern. Ursprünglich ein Gebirgsbach, wurde der Gorg Blau in den 1970er Jahren zu einem Stausee umgewandelt, um die Wasserversorgung der Insel zu sichern und Überschwemmungen in tiefer gelegenen Gebieten zu verhindern. In den Stauseen darf nicht gebadet werden. Der Gorg Blau kann nicht umrundet werden, doch eine kurze Wanderung führt zu den Resten der prähistorischen Siedlung Almallutx, die teilweise unter dem Wasser des Sees verschwunden ist und nur in Trockenperioden sichtbar wird.

- Carretera Ma-10, km 25, Escorca
- Über die gut ausgebaute Ma-10
- P Parkmöglichkeiten entlang der Straße

WUSSTEN SIE?
Der Name „Gorg Blau" bedeutet auf Katalanisch „blaue Pfütze".

③ Torrent de Pareis – Mallorcas spektakulärste Schlucht

Der Torrent de Pareis zählt zu den beeindruckendsten Landschaften Mallorcas. Der Gebirgsbach, der die meiste Aufmerksamkeit auf sich zieht und dessen Mündung ein begehrtes Fotomotiv darstellt, schlängelt sich von Escorca bis zu seiner Geröllmündung ins Meer bei Sa Calobra.

Typisch Mallorca!

Das katalanische Wort Torrent bedeutet Wildbach oder Sturzbach. Auf Mallorca gibt es etwa 30 größere Torrents, die meisten davon in der Serra de Tramuntana. Nach starken Regenfällen kommt es vor allem an den steilen Hängen immer wieder zu verheerenden Überschwemmungen, die auch Dörfer betreffen können.

Zwei Wege – eine Schlucht:

Von Escorca – die Herausforderung

Die Wanderung von Escorca bis zur Mündung ist nichts für Ungeübte. Auf der etwa vier- bis sechsstündigen Tour (eine Strecke) erwarten Sie schmale Passagen, Geröllfelder und steile Kletterstellen, die Trittsicherheit, gutes Schuhwerk und Erfahrung erfordern. Wer die Mühen auf sich nimmt, wird mit einer atemberaubenden Landschaft belohnt. Diese Route ist auch für Geübte nur bei besten Wetterbedingungen zu empfehlen. Die wilde Natur der Serra de Tramuntana erfordert Respekt, Vorbereitung und Vorsicht.

Von Sa Calobra – der leichte Zugang

Für alle, die keine Kletterprofis sind bietet sich der Zugang über Sa Calobra an. Nach einer herausfordernden Serpentinenfahrt auf der Ma-2141 führt ein kurzer Spaziergang direkt zur Geröllmündung

FOTO-SPOT!

Torrent de Pareis

Straße nach Sa Calobra

des Wildbachs und zum kleinen Strand. Doch Vorsicht: Der Parkplatz in Sa Calobra ist für Diebstähle bekannt – lassen Sie keine Wertsachen im Auto.

- Startpunkt für Wanderungen: Escorca / Alternativer Zugang: Sa Calobra
- Von Lluc oder Sóller über die Ma-10, ab Gorg Blau weiter auf der Ma-2141.

Alternativ-Tipp:

Von Port de Sóller aus starten täglich mehrmals Boote zum Torrent de Pareis. Schon die Fahrt entlang der beeindruckenden Felskulissen ist ein Erlebnis für sich – und Sie umgehen dabei die abenteuerliche Fahrt über die engen Serpentinen.

4 Coves de Campanet

Diese Tropfsteinhöhlen sind weniger überlaufen als die im Osten der Insel, aber genauso eindrucksvoll.

- Carretera Palma-Alcúdia, KM 39, 07310 Campanet
- Täglich, 10:00–17:00 Uhr (letzte Führung um 16:00 Uhr)
- € Erwachsene 17 €, Kinder 9 €

Typisch Mallorca!

Mallorcas Höhlenwelt – Einblick in die Unterwelt

Mallorca ist reich an Höhlensystemen, die durch die Auflösung von Kalkstein aufgrund sauren Regenwassers entstanden sind. Über Jahrmillionen bildeten sich Hohlräume, in denen sich durch Tropfwasser Stalaktiten und Stalagmiten formten.

Die bekanntesten Höhlen, die für Besucher zugänglich sind:

Coves del Drach: Berühmt für den unterirdischen Martelsee, einen der größten Höhlenseen der Welt. → S. 96

Coves d'Artà: Majestätische Formationen und eine weitläufige Haupthalle, die an eine Kathedrale erinnert. → S. 94

Coves dels Hams: Bekannt für ihre einzigartige Beleuchtung und die faszinierenden „Angelhaken"-Formationen. → S. 96

Coves de Campanet: Eine weniger besuchte, aber beeindruckende Tropfsteinhöhle mit spektakulären Stalaktiten und Stalagmiten.

Coves de Génova: Klein, aber sehenswert, nahe Palma gelegen und ideal für einen kurzen Ausflug.

Leicht zu verwechseln!

Stalaktiten hängen oben an der Decke.
Stalagmiten wachsen vom Boden empor.

INTERESSANT!

Um Mallorcas Höhlensysteme ranken sich zahlreiche Mythen und Legenden. Sie erzählen von Drachen, die Schätze bewachen, von Piraten, die Beute versteckten, und von magischen Kräften, die Heilung versprechen. Einige Höhlen, wie die von Artà, wurden sogar als Eingänge zur Unterwelt, die von übernatürlichen Wesen bewacht wurden, betrachtet.

Coves del Drach

Ses Fonts Ufanes

5 Ses Fonts Ufanes – magische Quellen im Steineichenwald

Wenn die „Sprudelnden Quellen" sprudeln – besonders im Winter und nach starkem Regen – und kraftvoll aus dem Boden schießen, um sich einen Weg durch den Steineichenwald zu bahnen, sollte man sich auf den Weg machen, um dieses Spektakel nicht zu verpassen.

- Finca Gabellí Petit, 07315 Campanet
- € Kostenlos. Die Quellen sprudeln leider nur nach starken Regenfällen!

WUSSTEN SIE?

Die sprudelnden Quellen entstehen durch ein hydrogeologisches Phänomen: Nach starken Regenfällen im Tramuntana-Gebirge versickert Wasser im porösen Kalkstein und sammelt sich unterirdisch. Sobald die Kapazität des Gesteins erschöpft ist, tritt das Wasser plötzlich und unter hohem Druck an der Oberfläche aus.

6 Pollença

Pollenças historische Altstadt ist einen Besuch wert. Sehenswert sind die Plaça Major mit der Kirche aus dem 13. Jahrhundert und die römische Brücke Pont Romà. Besonders bekannt ist Pollença für den Kalvarienberg: Wer die 365 Stufen zur Kapelle aus dem 18. Jahrhundert erklimmt, wird mit einem weiten Blick über die Umgebung belohnt – einschließlich des gegenüberliegenden Klosters Puig de Maria. Wochenmarkttag ist der Sonntag.

Pollença

Cap de Formentor

⑦ Cap de Formentor – wo sich das Tramuntana-Gebirge verabschiedet

Bevor sich die Serra de Tramuntana wie ein Drache ins Meer bettet, setzt sie mit dem Cap de Formentor noch ein Ausrufezeichen: steile Klippen, türkisblaues Meer und Ausblicke, die Instagram sprengen könnten.
Auf dem Weg ans Ende Mallorcas locken Stopps wie der

⑧ Mirador Es Colomer,

das beliebteste Fotomotiv der Insel, und der Talaia d'Albercutx, ein Wachturm mit Rundumblick für alle, die sich von Serpentinen nicht abschrecken lassen.
Baden kann man am Platja de Formentor, in der Cala Figuera oder Cala Murta – letztere so abgelegen, dass sogar gelegentlich Esel vorbeischauen.
Achtung: Vom 15. Juni bis 15. September ist die Zufahrtsstraße, die Ma-2210, tagsüber gesperrt. Shuttlebusse retten die Aussichtslustigen, wer's ignoriert, riskiert 200 Euro Bußgeld.
Sonnenaufgang oder Sonnenuntergang? Am Cap de Formentor sollte man mindestens einmal gewesen sein.

Porta del Moll

9 Alcúdia – Zeitreise mit Stadtmauer und den besten Bunyols der Stadt

Alcúdia ist wie eine Postkarte aus dem Mittelalter: die gut erhaltene Stadtmauer aus dem 14. Jahrhundert, die imposante Porta del Moll – das bekannteste Stadttor – und der unübersehbare Einfluss der Mauren, obwohl die Stadtmauer unter christlicher Herrschaft errichtet wurde.

Grandios: Ein Spaziergang auf der Stadtmauer und durch die engen, mit Pflastersteinen gesäumten Gassen mit ihren unverkennbaren und perfekt renovierten Steinhäusern aus hellem Sandstein.

Erhebend!

Ein Spaziergang auf der Stadtmauer bei Sonnenuntergang.

Typisch Mallorca

Das Geheimnis der verschlossenen Türen: Nach außen wirken die Stadthäuser verschlossen und manchmal sogar verlassen, doch im Inneren verbergen sich üppige Innenhöfe – Oasen, in denen sich das Leben abspielt. Abends, wenn die Mallorquiner ihre Türen für den Durchzug öffnen, lohnt es sich, einen Blick ins Innere zu erhaschen.

⑩ Ruïnes Romanes de Pollèntia – Ein Sprung in die Römerzeit

Am Stadtrand von Alcúdia liegt das Museu Monogràfic de Pol·lèntia, wo die Ruinen der römischen Siedlung aus 123 v. Chr. zu finden sind – einst zeitweise die Hauptstadt Mallorcas. Zu sehen gibt es Ruinen des Wohnviertels La Portella, das Forum und ein Amphitheater, das Platz für rund 2000 Zuschauer bot.

- Av. Princeps d'Espanya, 07400 Alcúdia
- Di–So 10:30–13:00 Uhr
- € Erwachsene 4 €, Kinder ab 8 J. 2,50 €

⑪ Ermita de la Victoria – Einsiedelei mit Panoramablick

Die Einsiedelei aus dem 13. Jahrhundert thront auf einer Anhöhe und bietet einen spektakulären Blick auf die Bucht von Pollença, das Tramuntana-Gebirge und die Küste. Neben der Kapelle, die der Schutzheiligen Mare de Déu de la Victòria gewidmet ist, gehören weitere Klostergebäude zur Anlage. Rund um die Einsiedelei verlaufen mehrere Wanderwege, darunter der etwa einstündige Pfad zum Penya des Migdia, einem Aussichtspunkt mit beeindruckendem Meerblick.

- Camino Ermita de la Victoria, 07400 Alcúdia
- Von Alcúdia auf der PM-2201 Richtung Mal Pas, gut ausgeschildert.
- Täglich, 09:00–18:00 Uhr; Außengelände jederzeit zugänglich.
- € Kostenlos

⑫ Parc Natural de S'Albufera – Mallorcas größtes Feuchtgebiet

Der Naturpark zwischen Port d'Alcúdia und Can Picafort ist das bedeutendste Feuchtgebiet Mallorcas. Mit seinen weitläufigen Lagunen, Schilfgebieten und Salzwiesen ist er ein Paradies für Vogelbeobachter und Naturfreunde. Über 200 Vogelarten, darunter Reiher, Flamingos und Greifvögel sind hier zuhause. Die Gehzeit für den Rundweg beträgt etwa 3 bis 4 Stunden.

- Carrer dels Pins, 07458 Muro
- Täglich, 09:00–17:00 Uhr, ganzjährig geöffnet
- € Kostenlos, Spenden sind willkommen
- https://www.balearsnatura.com

INSIDER-TIPP!
Am Empfangszentrum Sa Roca kann man Ferngläser ausleihen.
Mückenschutz empfohlen!

⑬ Finca Pública de Son Real – Geschichte, Natur und Tiere

Die Finca Son Real veranschaulicht das frühere landwirtschaftliche Leben auf der Insel.
Es gibt ein interessantes Museum zur Talaiot-Kultur auf Mallorca. Wanderwege führen durch Pinienwälder und Dünenlandschaften, vorbei an freilaufenden Tieren und einem kleinen Bauernhof. Fahrräder können vor Ort für die Erkundung des Geländes gemietet werden.

- Ma-12, Km 17, Santa Margalida
- Über die Ma-12 zwischen Can Picafort und Artà, der Zugang ist ausgeschildert

- Täglich, 09:00–16:00 Uhr (Museum), Außengelände bis 19:00 Uhr.
- € Museum: Erwachsene 5 €, Kinder 3 €, Außenbereich kostenlos, Fahrradverleih ab 10 €

Eine etwa 30-minütige Wanderung von der Finca Son Real führt zur

⑭ Necròpolis de Son Real an der Punta des Fenicis

Die archäologische Stätte, auch bekannt als Friedhof der Phönizier aus der Talaiot-Epoche, ist mit über 100 Grabkammern eine der bedeutendsten prähistorischen Begräbnisstätten der Balearen. Die Steingräber geben Einblicke in Rituale der frühen Bewohner Mallorcas. Ihre Lage an der Punta des Fenicis ist mehr als besonders!

- Camino de Son Real, 07450 Santa Margalida
- Zugang über die Finca Son Real, ausgeschildert auf der Ma-12
- Täglich, 09:00–18:00 Uhr
- € Kostenlos

Typisch Mallorca!

Die Talaiot-Kultur:
Der Name Talaiots bezieht sich auf massive Turmbauten aus Stein, die vermutlich als Wachtürme, Kultstätten oder Versammlungsorte dienten.
Die Talaiot-Kultur (ca. 1300 bis 123 v. Chr.) ist eine der prähistorischen Kulturen auf den Balearen und wurde ab etwa 500 v. Chr. von den Phöniziern und später den Römern verdrängt.

Bedeutende Stätten auf Mallorca:

Ses Païsses (Artà): Eine der am besten erhaltenen talaiotischen Siedlungen.
Capocorb Vell (Llucmajor): Eine große Anlage mit mehreren Talaiots und Wohnhäusern.
Son Fornés (Montuïri): Siedlung mit eindrucksvollen Talaiots und Gebäuderesten.
Necròpolis de Son Real (Santa Margalida): Bedeutende Begräbnisstätte an der Küste.

Necròpolis de Son Real

Cala Tuent

EIN TAG AM MEER

INSIDER-TIPP!

① Die Cala Tuent

ist eine abgeschiedene Kiesbucht in der Nähe des Torrent de Pareis. Hier geht es deutlich ruhiger zu, als in der Mündung des Torrent de Pareis. Das charmante Restaurant Es Vergeret mit grandiosem Ausblick ist einen Besuch wert. → S. 82

- Etwa 5 km westlich von Sa Calobra in der Gemeinde Escorca
- Über die kurvenreiche Ma-10, Parkmöglichkeiten sind begrenzt. Alternativ per Boot ab Port de Sóller erreichbar.

② Die vier Buchten von Cala Sant Vicenç

In einer der vier idyllischen Buchten – Cala Barques, Cala Clara, Cala Molins und Cala Carbó – die zur malerischen Ortschaft Cala Sant Vicenç gehören, findet sich stets ein nettes Plätzchen. Besonders hervorzuheben ist das Restaurant U Mayol, das erhöht über der Cala Molins liegt und einen herrlichen Blick bietet. → S. 83

- Cala Sant Vicenç, 07469 Pollença
- Von Pollença auf der Ma-2203.

③ Platja de Formentor (auf der Halbinsel Formentor)

Für manche ist der etwa 1 km lange feine Sandstrand der schönste der Insel.

- Auf der Halbinsel Formentor, auf halber Höhe zum Cap, etwa 10 km nordöstlich von Port de Pollença.
- Über die kurvenreiche Straße Ma-2210 mit beeindruckenden Ausblicken auf die Küste. Sommer-Alternative: Per Shuttlebus oder Boot von Port de Pollença aus, da die Zufahrt begrenzt ist.

Cala Sant Vicenç

Platja de Formentor

④ Cala Murta (auf der Halbinsel Formentor)

Eine wunderschöne, abgelegene Kiesbucht, die nach etwa 30 Minuten Fußweg vom Parkplatz oder der Bushaltestelle erreichbar ist. Auf dem Weg zur Bucht können Ihnen Esel und Ziegen begegnen. Es gibt kein Restaurant. Aufgrund des kiesigen Untergrunds sind Badeschuhe empfehlenswert.

- Fast am Ende des Cap Formentor
- Von Port de Pollença über die kurvenreiche Ma-2210
- Parken am ausgeschilderten Parkplatz, dann etwa 30 Minuten Fußweg.

⑤ Playa de Muro

Mit einer Länge von sechs Kilometern gehört die Playa de Muro zu den längsten Sandstränden Mallorcas. Der Strand zwischen Puerto de Alcúdia und Can Picafort ist in verschiedene Sektoren unterteilt: vom familienfreundlichen Abschnitt mit Beachclubs über naturbelassene Refugien bis hin zu Ses Casetes mit seinen charmanten Fischerhäuschen.

- An der Ma-12 gibt es kostenpflichtige Parkplätze in den verschiedenen Sektoren, die auch mit dem öffentlichen Bus gut erreichbar sind.

⑥ Platja de Son Serra de Marina

Der feinsandige Strand zwischen Can Picafort und Colònia de Sant Pere bleibt selbst im Sommer meist angenehm ruhig. Er ist ein beliebter Spot für Wassersportarten wie Surfen und Kiten. In der Nähe befindet sich das hervorragende Restaurant Sa Xarxa. → S. 83

- Son Serra de Marina, 07459 Santa Margalida
- Über die Ma-12 von Can Picafort Richtung Artà.

Playa de Muro

Es Guix

DER GUTE GESCHMACK DES NORDENS

1 Restaurant Es Vergeret

Hoch über der Cala Tuent thront das Es Vergeret, bekannt für seine spektakuläre Lage auf einer Klippe mit unvergleichlichem Blick auf die Bucht. Hier serviert das Lokal frischen Fisch, köstliche Paellas und authentische mallorquinische Küche.

- Carrer Cala Tuent, S/N, 07315 Cala Tuent
- März bis November, täglich 12:00–17:00 Uhr
- http://www.esvergeret.com

INSIDER-TIPP!

2 Restaurant Es Guix

Eines der Highlights des Restaurants ist das natürliche Quellwasserbecken, in dem man sich vor oder nach dem Essen wunderbar abkühlen kann. Das Es Guix überzeugt mit erstklassiger mallorquinischer Küche. Die einzigartige Lage in den Bergen und die herausragende Qualität machen eine Reservierung mehrere Tage im Voraus erforderlich.

- Carrer Baix, 1, 07315 Lluc
- Reservierung: +34 971 51 70 92
- http://www.esguix.com

3 Ses Coves Café & Grill

Wer weiß, dass an die Coves de Campanet ein Restaurant angeschlossen ist, das die höchste mallorquinische Kochkunst bietet, wird noch lieber hierher kommen. Der Koch und Chef des Hauses ist ein wahrer Meister am Holzkohlegrill. Alles, was er zubereitet, wird auf dem gigantischen Feuer zu einem kulinarischen Erlebnis.

- Cami de ses Coves, 07310 Campanet
- https://covesdecampanet.com

4 Ca‘n Moixet

Mitten auf dem Hauptplatz von Pollença, nur fünf

Gehminuten von der berühmten El Calvari, der Kalvarien-Treppe entfernt, liegt das Ca'n Moixet. Diese Tapas-Bar vereint beste mallorquinische Küche, faire Preise und ein authentisches Flair. Ein echter Geheimtipp für Tapas-Fans.

Plaça Major, 2, 07460 Pollença

5 Restaurant U Mayol

Vom U Mayol, einem modernen Bistro im Hotel El Vicenç, hat man einen fantastischen Blick auf die Cala Molins. Morgens lockt ein hervorragendes mallorquinisches Frühstück mit Sandwiches, Tostadas und frisch gebackenem Sauerteigtoast – erhältlich von 9:30 bis 12 Uhr. Tagsüber und abends gibt es exquisite Paellas. Ein besonderer Tipp: die Lobster Roll – ein Genuss, den man nicht verpassen sollte.

Carrer de Cala Molins, 6,
07469 Cala Sant Vicenç
http://www.restaurantumayol.com

6 Los Patos

Inmitten des lebhaften Teils des Nordens serviert das Los Patos in gediegenem und edlem Ambiente hervorragende Paella- und Fleischgerichte. Die traditionelle mallorquinische Küche wird nach überlieferten Rezepten zubereitet, ergänzt durch Fisch und Meeresfrüchte.

Camino Can Blau 42, 07400 Port d'Alcúdia
Mo–Sa 13:00–15:30 Uhr und 19:00–22:45 Uhr
https://mallorcafoodies.com/de/restaurante/los-patos/

7 El Patio Steak House

Wer das kleine Las Vegas von Mallorca (Muro) nicht meiden möchte, wird dort mit einem echten Tipp belohnt, den man dort nicht vermutet: Hochwertiges Fleisch wird auf einem traditionellen Holzkohlegrill meisterhaft zubereitet.

El Patio Steak House

Av. de s'Albufera, 07458 Muro
Reservierung: +34 971 89 05 04

INSIDER-TIPP!

8 Es Turó

Dies ist eines unserer absoluten Lieblingslokale! Dieses typisch mallorquinische Restaurant in Santa Margalida in einem alten Landhaus mit seinem offenen Kohlegrill ist jedes Mal wieder eine Offenbarung. Die mallorquinischen Spezialitäten – darunter stundenlang gegartes Lamm und Spanferkel – werden hier traditionell zubereitet.

Ctra. Santa Margalida, km 2,
07450 Can Picafort
Reservierung: +34 971 52 37 11
Täglich, 12:00–23:00 Uhr.

Es Turó

9 Sa Xarxa

Im Sa Xarxa genießt man nicht nur über die Insel hinaus bekannte Fischspezialitäten sondern auch den Sonnenuntergang an einem der wohl schönsten Plätze am Meer.

Paseo del Mar, s/n,
07579 Colònia de Sant Pere
http://www.sa-xarxa.es

MÄRKTE IM NORDEN

Wochenmarkt Inca – Das Mekka für Lederfans

Inca ist als „Lederhauptstadt Mallorcas" bekannt – hier gibt es alles von Taschen bis zu Schuhen, oft direkt vom Hersteller. Dazu frische Lebensmittel und Kleidung.

- Zentrum von Inca, rund um die Plaça d'Espanya
- Markttag: Jeden Donnerstag, 08:00–13:30 Uhr

INSIDER-TIPP!

Wochenmarkt Pollença

Neben frischen Lebensmitteln sind Kunsthandwerk, Schmuck und lokale Spezialitäten wie Olivenöl und Honig geboten.
Insider-Tipp!
Nach dem Bummeln auf ein paar Tapas ins Ca'n Moixet. → S. 82

- Plaça Major, Pollença
- Markttag: Jeden Sonntag, 08:00–13:30 Uhr

Wochenmarkt Alcúdia

In der historischen Kulisse der Altstadt findet man frisches Obst, Gemüse, Blumen und Kunsthandwerk.

INSIDER-TIPP!

Ein Highlight sind die unglaublich köstlichen Bunyols, die sonntagvormittags frisch von einem älteren Ehepaar an der Ecke Carrer de la Parra / Camí de Ronda zubereitet werden. (Leider – sie sind nicht immer da.)

- Altstadt von Alcúdia
- Parkmöglichkeiten außerhalb der Stadtmauer, z. B. am Carrer dels Malves
- Markttage: Dienstag und Sonntag, 08:00–14:00 Uhr.

Wochenmarkt in Sineu – größter Viehmarkt

Authentischer geht es kaum: Der älteste Markt Mallorcas umfasst auch einen traditionellen Viehmarkt, auf dem Tiere wie Hühner, Kaninchen, Schafe, Ziegen, Schweine und sogar Esel zum Verkauf stehen. Der Viehmarkt ist ein Stück mallorquinischer Tradition, doch der Umgang mit den Tieren mag für Touristen mitunter ungewohnt sein.

- Zentrum von Sineu, rund um die Plaça des Fossar
- Markttag: Jeden Mittwoch, 08:00–13:30 Uhr

IN MEINEN KOFFER PACKE ICH

❶ Solivellas-Olivenöl

Auf dem Landgut Es Guinyent aus dem 13. Jahrhundert führen die Brüder Sebastià und Pep das Erbe ihres (Ur-)Großvaters fort. Eine Besonderheit ist die Koroneiki-Olive, die der Urgroßvater aus Griechenland nach Mallorca brachte und die dem Öl seinen besonderen Geschmack verleiht. Die Oliven werden mit größter Sorgfalt zu hochwertigem Öl verarbeitet. Früher reisten wir dafür regelmäßig mit einem leeren Extrakoffer nach Mallorca - heute gibt es das Öl auch im Online-Shop.

- Carretera Ma-2201, Km. 0,750, 07400 Alcúdia
- meistens Mo–Fr, 9:00 Uhr–13:00 Uhr
- +34 626 010 340 Am besten per WhatsApp fragen, ob man vorbei kommen kann.
- https://olisolivellas.com

INSIDER-TIPP!

❷ Sa Caseta Gourmet

Das charmante Feinkostgeschäft im Herzen von Alcúdia, das liebevoll von Olga geführt wird, bietet eine erlesene Auswahl an lokalen Produkten und Kunst. Mit einem Auge für das Besondere sucht Olga auf der ganzen Insel nach authentischen Erzeugnissen - darunter auch wunderschön gemalte Karten einer einheimischen Künstlerin.

- Carrer d'En Serra, 6, 07400 Alcúdia
- Mo–Fr und Sonntag, 11:00–17:00 Uhr

INSIDER-TIPP!

③ Panaderia Can Corró

Es soll (wieder einmal) die beste Ensaïmada der Insel sein – ein gutes Zeichen, wenn sonntagvormittags die Einheimischen Schlange stehen. Wer eine ergattern möchte, sollte früh kommen und etwas Geduld mitbringen. Es lohnt sich!

- Carrer del Verdet, 22, 07400 Alcúdia
- Täglich, 7:30–14:00 und 16:30–20:30, Sonntagnachmittag geschlossen

④ Audali Living

Alles, um das Zuhause schöner zu machen: Qualität und Authentizität mit handgefertigten Produkten – darunter auch stilvolle Mitbringsel aus Korbwaren.

- Carrer del Mol, 12, 07400 Alcúdia
- Täglich, 9:30–21:00
- https://audaliliving.com

⑤ Shobha-Diane

An den 365 Stufen zum Kalvarienberg gelegen, hat sich Diane auf einzigartigen Schmuck aus Bernstein und Halbedelsteinen spezialisiert – jedes Stück ein bezauberndes Unikat.

- Carrer del Calvari, 5, 07460 Pollença
- Di–So 12:00–15:30

ÜBERNACHTEN IM NORDEN

1 Son Gris – Selva € - €€

Das charmante Boutique-Hotel mit nur sieben Zimmern liegt im malerischen Dorf Selva am Fuße der Serra de Tramuntana. Das geschmackvoll renovierte Haus und die Inneneinrichtung bewahren den ursprünglichen Charakter des 19. Jahrhunderts und bieten gleichzeitig modernen Komfort.

Carrer de Son Morro 32, 07313 Selva
https://songris.com

2 Son Sant Jordi – Pollença €€ - €€€

Das Son Sant Jordi liegt mitten in der Altstadt von Pollença in einem schön restaurierten Haus aus dem 17. Jahrhundert. Beim Betreten des idyllischen Gartens über den Innenhof wird man als Erstes - ganz stilecht - auf Spanisch vom freundlichen Hauspapagei begrüßt.

Carrer de Sant Jordi, 29, 07460 Pollença
https://www.sonsantjordi.com

3 Hotel El Vicenç de la Mar €€€€

Das luxuriöse 5-Sterne-Boutique-Hotel wurde bereits mehrfach ausgezeichnet. Es bietet nicht nur alle Annehmlichkeiten, die man von einem 5-Sterne-Hotel erwartet, sondern auch einen atemberaubenden Blick auf das Meer. Für kulinarische Genüsse sorgen gleich zwei herausragende Restaurants unter der Leitung eines bekannten Küchenchefs. Ab 12 Jahren.

Carrer de Cala Molins, 6,
07469 Cala Sant Vicenç
https://elvicenc.com

Son Sant Jordi

El Vicenç de la Mar

Can Picafort
Son Serra de Marina
Colònia de Sant Pere
Parc Natural de la península de Llevant
Ma-3333
Ma-12
Capdepera
Cala Rajada
Artà
Ma-15
Ariany
Ma-4040
sa Costa de Canyamel
Son Servera
Petra
Sant Llorenç des Cardassar
Ma-4030
Cala Millor
Ma-3310
Son Carrió
Ma-15
Manacor
Ma-4023
s'Illot-Cala Morlanda
Ma-4020
Ma-5110
Ma-4015
Portocristo
Ma-14
Son Macià
Cala Anguila-Cala Mendia
Ma-5110
Ma-4014
Felanitx
Ma-4011
Ma-4010
Cala Murada
Cas Concos des Cavaller
Portocolom
Ma-4012
Calonge
s'Alqueria Blanca
Cala d'Or
Santanyí
Parc natural de Mondragó
0km
5

DER OSTEN - DIE MAGIE DER VERSTECKTEN BUCHTEN

Mittelalterliches Flair in Artà, unberührte Natur im Naturschutzgebiet Llevant, mystische Höhlen wie die Coves d'Artà oder die Coves del Drach sowie hoch gelegene Klöster wie das Santuari de Sant Salvador in Felanitx mit spektakulären Aussichten. Dazu gesellen sich fjordähnliche Buchten wie die versteckte Cala Varques oder die Dünen der Cala Mesquida – jede ein kleines Paradies für Entdecker.

ENTDECKEN

1 Artà
2 Ses Païsses
3 Parc natural de la península de Llevant
4 Ermita de Betlem
5 Castell de Capdepera
6 Cala Rajada
7 Far de Capdepera
8 Torre de Canyamel
9 Coves d'Artà
10 Son Servera
11 Punta de n'Amer
12 Porto Cristo
13 Coves del Drach
14 Coves dels Hams
15 Akademie Rafa Nadal
16 Manacor
17 Majorica Pearl Factory
18 Felanitx
19 Santuari de Sant Salvador
20 Portocolom

EIN TAG AM MEER

1 Cala Torta
2 Cala Mesquida
3 Cala Gat
4 Cala Agulla
5 Platja de Canyamel
6 Cala Romantica/ S'Estany d'en Mas
7 Cala Mendia
8 Cala Anguila
9 Cala Falcó
10 Cala Varques

DER GUTE GESCHMACK DES OSTENS

1 Cafè-Restaurant l'Orient
2 Restaurante Del Mar
3 TroBar
4 Porxada de Sa Torre
5 Sa Pedra
6 Vela Beach
7 Cala Anguila
8 Entrevins
9 Es Cruce
10 Sa Llotja

IN MEINEN KOFFER PACKE ICH

1 Artesania Son Pocapalla Artà
2 Son Pocapalla Capdepera
3 Majorica Pearl Factory
4 Bodega Es Fangar Vins
5 Ceramicas Felanitx

ÜBERNACHTEN IM OSTEN

1 Es Racó d'Artà
2 Casal d'Artà by Baudot
3 Principal Son Amoixa
4 Rafa Nadal Residence
5 Petit Hotel Hostatgeria Sant Salvador

Bekannt ist Artà auch für das alte Kunsthandwerk des Korbflechtens aus den Blättern der Zwergpalme. Verkauft werden traditionelle Korbwaren auf dem Wochenmarkt und im Traditionsgeschäft Artesania Son Poca Palla in Arta. → S. 105

② Ses Païsses

Am Rande von Artà, eingebettet in einen Hain knorriger Olivenbäume, liegt Ses Païsses, eine der best erhaltenen Talaiot-Siedlungen Mallorcas. Besonders beeindruckend ist der Eingang, eingerahmt von gewaltigen Steinblöcken. Im Inneren des Areals finden sich Überreste von Wohnhäusern sowie des zentralen Talaiots, einem turmartigen Bau, der vermutlich als Versammlungsort oder Heiligtum diente.

Was waren nochmal Talaiots? → S. 79

DEN OSTEN ENTDECKEN

① Artà

Die terrassenartig auf einem Hügel gelegene Stadt Artà wird von der markanten Zitadelle mit der Wallfahrtskirche Sant Salvador überragt, die schon von weitem sichtbar ist. Die imposante Anlage, deren Ursprünge auf eine arabische Festung zurückgehen, ist von mächtigen Mauern mit vielen Türmen umgeben und bietet eine grandiose Aussicht. Die Festung Santuari de Sant Salvador befindet sich auf dem 182 Meter hohen Puig de Sant Salvador und ist über eine Treppe mit 180 Stufen erreichbar.

Jährlich im Januar wird rund um die Wallfahrtskirche das Dämonenfest zu Ehren von Sant Antoni gefeiert. Dämonen tanzen durch die Gassen, begleitet von spektakulären Feuershows. Es zählt zu den mystischsten Festen Mallorcas und gibt einen Einblick in überlieferte Bräuche und Rituale.

Parc Natural Llevant

③ Parc Natural Llevant

Nördlich von Artà liegt das rund 2000 Hektar große Naturschutzgebiet Parc Natural de Llevant mit rauen Küsten, Pinienwäldern und zerklüfteten Bergen. Wanderwege führen durch die wilde Landschaft, Heimat seltener Pflanzen und Greifvögel. Im Herzen des Parks befindet sich die Finca Pública de Albarca, ein historischer Landsitz mit alten Dreschplätzen und Kalköfen. Von hier führt ein gut ausgeschilderter Pfad zur idyllischen Bucht S'Arenalet des Verger. Die etwa 1,5 bis 2 Stunden dauernde Wanderung endet an einem feinen, weißen Sandstrand.

Von Artà auf der Ma-3333 Richtung Ermita de Betlem

Parc Natural Llevant

Parc Natural Llevant

Ermita de Betlem

⑤ Castell de Capdepera – Mallorcas größte Burganlage

Die imposante Festung aus dem 14. Jahrhundert thront majestätisch über der gleichnamigen Stadt. Von den gut erhaltenen Mauern und Türmen eröffnet sich ein weiter Blick über die Küste bis hin zur Insel Menorca.

Tipp! Ein Besuch zum Sonnenuntergang lässt die Burganlage in einem magischen Licht erscheinen. In der Stadt Capdepera findet man in den engen Gassen einige Geschäfte, die Korbwaren aus der bereits erwähnten, typischen einheimischen Stechpalme anbieten.

④ Ermita de Betlem

Nach weiteren 5 km auf der Ma-3333 gelangt man zur Einsiedelei mit Kapelle und der berühmten Lourdesgrotte, der Quelle Font de s'Ermita. Beeindruckend ist auch die 150 Meter lange Zypressenallee.

INTERESSANT!

Die Einsiedelei gilt seit jeher als Ort der Wunder – zum einen wegen der Quelle, der heilende Kräfte nachgesagt werden, zum anderen aufgrund eines Mönchs, der mit Tieren und der Natur kommunizieren konnte.

Castell de Capdepera

Cala Ratjada

Far de Capdepera

6 Cala Ratjada

Einst ein beschauliches Fischerdorf, schaukeln heute moderne Yachten neben traditionellen Fischerbooten. **Sehenswert:** Die Villa Sa Torre Cega war einst die Sommerresidenz der Familie March, einer der einflussreichsten Familien Mallorcas. Heute dient sie als Kulturzentrum und beherbergt Werke renommierter Künstler. Ein Besuch der Innenräume ist nur im Rahmen einer Führung nach Online-Reservierung möglich.

https://fundacionbmarch.es

WUSSTEN SIE?
Juan March stellt in Palma mit der Fundación Juan March ein Museum mit kostenlosem Eintritt zur Verfügung, um Kunst und Kultur allen zugänglich zu machen. Das Museum zeigt moderne spanische Kunst, darunter Werke von Picasso, Miró und Dalí.

INTERESSANT!
Ihren Namen verdankt die Cala Ratjada den zahlreichen Rochen, die einst in dieser Bucht anzutreffen waren (katalanisch: Ratjades).

7 Eine zwei Kilometer lange Straße führt zum **Leuchtturm Far de Capdepera**, dem östlichsten Punkt Mallorcas. Einer Legende nach wurden die Leuchtturmwärter einst von einem riesigen Oktopus überrascht, der versuchte, das Licht zu löschen. Mittlerweile ist der Betrieb automatisiert, und es gibt keine Leuchtturmwärter mehr. Dennoch – die Aussicht auf Menorca, die östlichste der Baleareninseln, ist bei klarem Wetter einfach großartig.

WUSSTEN SIE?
Von den 16 Leuchttürmen Mallorcas sind nur noch 5 in Betrieb.
Nämlich:
Far de Formentor:
Am nördlichsten Punkt der Insel gelegen.
Far de Capdepera:
An der Nordostküste Mallorcas.
Far des Cap de ses Salines:
Am südlichsten Punkt der Insel.
Far des Cap Blanc:
Oberhalb der Steilküste im Süden.
Far del Cap Gros:
An der westlichen Seite des Hafens von Port de Sóller.

Torre de Canyamel

8 Torre de Canyamel

Der imposante Wehrturm aus dem 13. Jahrhundert erhebt sich majestätisch inmitten einer grünen Landschaft. Ursprünglich zum Schutz vor Piraten und Freibeutern erbaut, beherbergt der Turm heute ein kleines Museum im Inneren, das Einblicke in die mittelalterliche Verteidigungskunst bietet. Empfehlenswert: das Restaurant Porxada de Sa Torre. → S. 102

- Carretera Artà-Canyamel, Km 5, 07580 Capdepera
- Di–So 10:00–15:00 Uhr, im Winter geschlossen
- € Erwachsene: 3 €

9 Coves d'Artà (Höhlen von Artà)

Die Höhlen liegen spektakulär in eine Steilküste bei Canyamel eingebettet, und ihre Hallen tragen klangvolle Namen wie „Hölle" und „Purgatorium". Das Prunkstück ist die „Königin der Säulen", ein Stalaktit von 20 Metern Höhe. Eine Besichtigung dauert etwa 45 Minuten und wird durch beeindruckende Licht- und Musikinszenierungen untermalt.

- Carretera de les Coves, s/n, 07589 Canyamel
- Täglich, 10:00–17:00 Uhr
- € Erwachsene 16 €, Kinder (7–12 Jahre) 8 €
- https://www.covesdearta.com

Coves d'Artà

10 Son Servera und die Mandelblüte

Besonders an einem Tag im Jahr lockt der Ort Tausende Menschen an: zum Mandelblütenfest, der Fira de la flor d'Ametler, das am ersten Februar im Jahr gefeiert wird.

Typisch Mallorca!

Die Mandelblüte
Wenn der Winter auf Mallorca langsam dem Frühling weicht, hüllt die Mandelblüte die Insel in ein zauberhaftes weiß-rosa Blütenmeer. Besonders eindrucksvoll zeigt sich dieses Naturschauspiel am Fuße der Serra de Tramuntana, wo rund vier Millionen Mandelbäume von der Wasserversorgung der Berge profitieren, aber auch im Osten der Insel ist die Blütenpracht zu beobachten.

Die schönsten Orte zur Mandelblüte

Kapelle Consolació bei Santanyí:
Ein Hügel mit Mandelbäumen
Naturpark Mondragó: Der Rundgang S'Hort d'en Metge führt durch eine Mandelallee
Ses Fonts Ufanes: Romantisch zur Blütezeit – auch wenn die Quellen trocken sind.
Radweg auf der Via Verde zwischen Artà und Son Servera
Landstraße nach Sóller

LIEBLINGSSPAZIERGANG!

11 Punta de n'Amer

Ein leichter, etwa 1,5 Kilometer langer Spaziergang führt östlich von Cala Millor entlang der Küste zum Castell Punta de n'Amer, einem gut erhaltenen Wehrturm aus dem 17. Jahrhundert. Besucher erwarten ein kleines Museum im Turm und ein gemütliches Café mit herrlichem Meerblick.

Punta de n'Amer

⑫ Porto Cristo – charmanter Hafenort für Höhlen-Fans

Der Hafen befindet sich in einer geschützten, fast kreisrunden Bucht, in die auch der Torrent de Ses Talaioles, ein kleiner Fluss, mündet. An der Uferpromenade gibt es einige empfehlenswerte Restaurants.

> **INTERESSANT!**
>
> Einer alten Legende zufolge wurde nach einem Schiffbruch ein Kruzifix in der Bucht entdeckt, was dem Ort den Namen „Christushafen" verlieh. Ein kleines Denkmal erinnert an diese Geschichte.

Berühmt ist Porto Cristo jedoch für die beiden Tropfsteinhöhlen.

⑬ Coves del Drach

Neben den beeindruckenden Tropfsteinformationen befindet sich in diesen Höhlen der Martel-See, einer der größten unterirdischen Seen der Welt. Die Besichtigung dauert etwa eine Stunde und umfasst eine Licht- und Musikdarbietung, bei der klassische Stücke live gespielt werden – fast kitschig schön.

- Ctra. de les Coves, s/n, 07680 Porto Cristo
- Täglich, 10:00–17:00 Uhr
- € Erwachsene 18,00 €, Kinder 11,00 €.
- https://www.cuevasdeldrach.com,

Tipp: Buchen Sie online im Voraus einen Time-Slot

> **WIE JETZT?**
>
> Coves oder Cuevas? Ganz einfach: Die einen sprechen Katalanisch, die anderen Spanisch – aber keine Sorge, die Höhlen bleiben dieselben!

Coves del Drach

⑭ Coves dels Hams

Berühmt für ihre seltsam geformten „Angelhaken-Stalaktiten" („Hams" heißt auf Katalanisch „Angelhaken"), die den Höhlen ihren Namen geben. Auch hier gibt es einen berühmten See, das sogenannte „Meer von Venedig", auf dem Musik- und Lichtshows über die prähistorische Entstehung der Höhlen dargeboten werden.

- Carretera Manacor-Porto Cristo, KM 11, 07680 Porto Cristo
- Täglich, 10:00–17:00 Uhr.
- € Erwachsene 17 €, Kinder 11 €.
- https://www.cuevasdelsHams.com. Auch hier können Tickets vorab online gebucht werden.

Coves dels Hams

Entscheidungstipp!

Die Coves del Drach werden Sie mögen, wenn Sie große Höhlen, spektakuläre Shows und den gigantischen Martel-See erleben möchten. Die Coves dels Hams sind ideal, wenn Sie seltene Formationen, einen kleinen romantischen See und eine weniger überlaufene Umgebung bevorzugen.

⑮ Rafa Nadal Academy und Museum

Auf der Terrasse über dem Center Court bei einem Cortado den Nachwuchstalenten beim Training zusehen – nirgendwo sonst kommt man der künftigen Tennis-Weltelite so nah. Mit etwas Glück trifft man sogar den Star persönlich auf dem Court.

Einen Besuch wert ist auch das Rafa Nadal Museum mit seinen Trophäen, persönlichen Erinnerungsstücken und interaktiven Stationen. Im angrenzenden Shop gibt es Tenniskleidung und andere Mitbringsel aus der Rafa Nadal Academy.

- Carretera Cales de Mallorca s/n, Km 1,2, 07500 Manacor
- Mo–Sa 10:00–17:00 Uhr
- € Erwachsene 18 €; Kinder (8–12 Jahre) 10 €
- https://www.rafanadalmuseum.com

Rafa Nadal Academy

Mare de Déu

⑯ Manacor

Manacor, die drittgrößte Stadt Mallorcas, versprüht nicht den typischen Charme der kleineren mallorquinischen Orte, sondern erinnert mit ihrem geschäftigen Treiben und der modernen Infrastruktur eher an eine Großstadt. Dennoch lohnen sich ein Besuch der Altstadt und der markanten Kirche Mare de Déu dels Dolors. Eines unserer Lieblingslokale, das Entre Vins, befindet sich direkt hinter der Kirche.

INSIDER-TIPP!

Die Dichte an Optikergeschäften in Manacor ist bemerkenswert. Wir haben hier schon gute Brillen gefunden.

17 Perlas Majorica

Manacor ist weltweit bekannt für seine Kunstperlen, die den Südseeperlen in nichts nachstehen. In der Perlenfabrik kann man den Kunsthandwerkern direkt bei der Arbeit zusehen und mehr über die Herstellungsmethoden erfahren.
Jede Majorica-Perle entsteht durch ein aufwendiges Verfahren, bei dem zahlreiche Schichten einer organischen Essenz aufgetragen werden.

- Carretera Palma-Artà, km 47, 07500 Manacor
- Mo–Sa 09:00–18:30 Uhr
- € Kostenlose Besichtigung der Fabrik
- https://www.majorica.com

Wochenmarkt in Manacor

- montags, 8:00–13:30 Uhr
- Plaça Ramon Llull, 1, 07500 Manacor.
- Tiefgaragen in der Nähe.

INTERESSANT!

Der Name Manacor wird oft mit „Hand aufs Herz" interpretiert, abgeleitet von den katalanischen Wörtern „mà" (Hand) und „cor" (Herz). Diese Deutung spiegelt sich im Stadtwappen wider, das eine Hand zeigt, die ein Herz umfasst. Historisch stammt der Name jedoch vom Berberclan „Mancur", der die Region vor der katalanischen Eroberung bewohnte.

Die grüne Radtour! Via Verde

Der gemütliche Radweg, der sich über 29 Kilometer entlang der ehemaligen Bahntrasse zwischen Manacor und Artà erstreckt, führt durch eine abwechslungsreiche Landschaft mit Zitrus- und Olivenhainen sowie kleinen Dörfern. Startpunkte sind die ehemaligen Bahnhöfe in Manacor oder Artà, wo man auch Fahrräder ausleihen kann. Man muss nicht die gesamte Strecke zurücklegen – schon ein Stückchen zu fahren lohnt sich, denn: Der Weg ist das Ziel.

Via Verde

Santuari de Sant Salvador

18 Felanitx

Felanitx ist seit der maurischen Zeit für sein Keramikhandwerk bekannt. Noch heute findet man in Werkstätten wie Cerámicas Felanitx die alten, traditionellen Muster. → S. 105

19 Santuari de Sant Salvador

Das Highlight rund um Felanitx ist unbestritten das Santuari de Sant Salvador, ein ehemaliges Kloster aus dem Jahr 1348 auf dem 509 Meter hohen Puig de Sant Salvador. Neben der Kirche steht ein 37 Meter hohes Monument mit einer sieben Meter hohen Christusstatue, die majestätisch über allem thront. Der Panoramablick über die Insel ist spektakulär und reicht bei klarer Sicht bis zur Serra de Tramuntana und sogar zur Insel Cabrera. Nur 15 Gehminuten entfernt gibt es einen weiteren Aussichtspunkt beim Picot-Kreuz.
Heute bietet das Kloster auch ein Restaurant und die Möglichkeit, klösterlich und ruhig zu übernachten. → S. 107

🚗 über die Ma-4011 sieben Kilometer von Felanitx

20 Portocolom

Wen es nach der Höhenluft noch einmal ans Meer zieht, der sollte in Portocolom vorbeischauen. Das eher ruhige, kleine Fischerdörfchen erkennt man sofort an den pastellfarbenen Häusern entlang des Hafens. Außerdem gibt es im Hafen das wirklich empfehlenswerte Fischlokal Sa Llotja. → S. 103

Portocolom

EIN TAG AM MEER

Die fjordähnlichen Buchten im Osten Mallorcas darf man sich keinesfalls entgehen lassen. Entlang der gesamten Ostküste verstecken sich unzählige traumhafte Buchten, jede mit ihrem eigenen Charme. Leider würde es den Rahmen sprengen, sie alle zu nennen, daher beschränken wir uns auf ein paar ausgewählte Perlen.

1 Cala Torta

Die Bucht ist naturbelassen, mit feinem Sand ohne Infrastruktur – perfekt für Ruhesuchende.

Von Artà über eine schmale Straße, die später in eine unbefestigte Piste übergeht. Parkmöglichkeiten vorhanden.

2 Cala Mesquida

Dieses kleine Paradies mit feinem weißen Sandstrand, umgeben von einer Dünenlandschaft, erinnert an die Karibik.

Von Capdepera auf der Ma-15 Richtung Cala Ratjada und den Schildern zur Cala Mesquida nach Norden folgen. Parkplätze sind in Strandnähe vorhanden.

3 Cala Gat

Ebenfalls ein kleines Juwel mit türkisfarbenem Wasser, nahe Cala Ratjada. Auch im Sommer relativ ruhig.

In Richtung Faro de Capdepera bis zur Abzweigung zur Cala Gat. Die Parkmöglichkeiten sind begrenzt, daher empfiehlt sich der etwa 10-minütige Fußweg vom Hafen von Cala Ratjada.

4 Cala Agulla

Schöner Strand, weitläufig und naturbelassen, umgeben von Pinienwäldern und Dünen.

Von Capdepera der Beschilderung zur Cala Agulla folgen. Ein kostenpflichtiger Parkplatz befindet sich direkt hinter dem Strand.

5 Platja de Canyamel

Nahe der Höhlen von Artà liegt dieser bezaubernde Sandstrand mit Duschen und Toiletten. In der Nähe gibt es einige Strandbars.

Von Artà über die Ma-4042 erreichbar.
Es gibt kostenlose Parkplätze in der Nähe.

Cala Gat

Platja de Canyamel

⑥ Cala Romántica (Lieblingsplatz), ⑦ Cala Mendia, ⑧ Cala Anguila

Die Cala Romántica, auch bekannt als S'Estany d'en Mas, ist eine der drei entzückenden Schwestern – eine malerischer als die andere, sodass die Wahl wirklich schwerfällt.

🚗 Von Manacor über die Ma-4014 Richtung Porto Cristo, dann der Beschilderung zur Cala Romántica folgen. Es gibt einen kleinen Parkplatz.

An der rechten Seite der Cala Romántica beginnt der Traum-Buchten-Wanderweg, der die schönsten Buchten der Ostküste verbindet. Über Steilküsten führt der Pfad zur abgelegenen Cala Falcó und weiter zur Cala Varques.

Cala Romantica

⑨ Cala Falcó:

Nach etwa einer Stunde erreicht man die kleine, abgelegene Bucht Cala Falcó. Der Abstieg erfordert Trittsicherheit, belohnt jedoch mit einem unberührten Strand.

Cala Varques

⑩ Cala Varques:

Weiter südlich gelangt man zur Cala Varques, einer der schönsten Buchten Mallorcas, bekannt für die Felsenbrücke und die umliegenden Höhlen.

Von hier aus führt der Rückweg über denselben Pfad zurück zur Cala Romántica.

Die gesamte Wanderung dauert etwa 4 Stunden (Hin- und Rückweg) und erfordert festes Schuhwerk. Ausreichend Wasser und Proviant sollten mitgeführt werden, da es entlang der Route keine Versorgungsmöglichkeiten gibt. Einige Abschnitte sind steil und verlangen leichte Kletterpassagen.

DER GUTE GESCHMACK DES OSTENS

❶ Café-Restaurant l'Orient

Besonders mittwochs, am Markttag von Capdepera, ist das Café ein beliebter Treffpunkt für Einheimische und Besucher, die hier bei Pa amb oli, Tapas und einem Plausch zusammenkommen.

Plaça de l'Orient, 2, 07580 Capdepera

❷ Restaurante Del Mar – Playa Son Moll

Ein einzigartiger Ort, direkt am Meer – nur die Promenade trennt die Tische vom Wasser. Ob drinnen oder auf der traumhaften Terrasse, im Del Mar isst man wirklich hervorragend. Typisch spanische Gerichte treffen auf Schweizer Rösti. Dazu gibt's eine tolle Weinkarte und einen erschwinglichen Mittagstisch – serviert bis 17 Uhr.

Avinguda d'Amèrica, 31, 07590 Cala Rajada
https://mallorca-delmar.com

❸ TroBar

Hier speist man von Geschirr, das von lokalen Künstlern gefertigt wurde. Neben der kreativen Küche kann man hier auch die ausgestellten Kunstwerke bewundern und erwerben.

Carrer del Centro, 4, 07580 Capdepera
https://trobar.co

INSIDER-TIPP!

❹ Porxada de Sa Torre

Direkt beim Turm von Canyamel liegt dieses traditionelle Restaurant, ein echter Geheimtipp für mallorquinische Küche. Besonders bekannt ist das Porxada für sein Gericht „porcella", ein Spanferkel, das auf Eichenholzkohle gegrillt wird.

Ctra. de Artà-Canyamel Km 5,
07589 Capdepera
http://www.torredecanyamel.com

5 Sa Pedra

Direkt in der malerischen Hafenbucht von Porto Cristo liegt das Sa Pedra, ein beliebtes Restaurant, das für seine köstlichen Paellas bekannt ist. Besonders empfehlenswert: die Paella Negra.

- Carrer del Verí, 4, 07680 Porto Cristo
- http://www.restaurantesapedra.com

Sa Pedra

INSIDER-TIPP!

6 Vela Beach Cala Romantica

Ein einzigartiger Platz an einem einzigartig schönen Strand. Die Crew zaubert wahre Köstlichkeiten aus der Küche.

- Passeig de Voramar 76, 07680 Cala Romántica
- Reservierung: +34 971 00 74 59

7 Chiringuito Cala Anguila

Die perfekte Strandbar direkt an der traumhaften Bucht Cala Anguila. Snacks, Cocktails und eine entspannte Atmosphäre mit herrlichem Blick auf das Meer. Besonders beliebt: die Cava-Sangria und frische Meeresfrüchte.

- Playa Cala Anguila

INSIDER-TIPP!

8 Entrevins – eines unserer Lieblingslokale seit vielen Jahren!

Hier steht ein echter Mallorquiner am Grill, der sein Handwerk meisterhaft beherrscht. Unsere Empfehlung: ein butterzartes Entrecôte direkt vom Grill, kombiniert mit patatas bravas und pimientos de padrón – ein Genuss, der auf der Zunge zergeht. Reservieren ist ein Muss!

- Plaça De La Rectoria, 2, 07500 Manacor
- Reservierung: +34 670 82 26 94

9 Es Cruce

In Villafranca de Bonany, direkt am Kreisverkehr Richtung Felanitx, vermutet man kaum großartige mallorquinische Küche. Die Gäste? Fast ausschließlich Inselbewohner. Die Atmosphäre? Authentisch mallorquinisch – enge Tische, laute Gespräche, kreischende Kinder. So lebt Mallorca.

- Ctra. de Palma, 0, 07250 Vilafranca de Bonany
- http://www.restaurantescruce.com

10 Sa Llotja

Im zauberhaften Hafen von Portocolom erwartet Sie gehobene Küche mit Schwerpunkt auf Meeresfrüchten. Die Spezialitäten reichen von Jakobsmuscheln über Chipirones bis hin zu fangfrischem Fisch und exzellenten Fleischgerichten. Die Aussicht auf den Hafen rundet das kulinarische Erlebnis ab.

- Carrer dels Pescadors, 2, 07670 Portocolom
- http://www.restaurantsallotjaportocolom.com

Hafen, Portocolom

MÄRKTE IM OSTEN

Wochenmarkt Artà

In den charmanten Gassen der Altstadt bietet der Markt eine vielfältige Auswahl an Ständen mit lokalem Obst und Gemüse. Es lohnt sich, auf die rechte Straßenseite zu wechseln, denn dort befindet sich der Kunsthandwerksmarkt.

- Zentrum von Artà, Fußgängerzone Ciutat und Umgebung
- Markttag: Dienstag 09:00–14:00 Uhr

Wochenmarkt Capdepera

Auf dem Platz Plaça Orient und in den umliegenden Straßen findet man eine breite Palette an Lebensmitteln, traditionellen Inselprodukten, Pflanzen, Kleidung und Schuhen.

- Plaça Orient, 07580 Capdepera
- Markttag: Mittwoch 08:00–13:00 Uhr

Wochenmarkt Manacor

Einer der größten lokalen Märkte der Insel mit einer Vielzahl von Ständen, die Obst, Gemüse, Haushaltsprodukte und Kleidung anbieten.

- Plaça Ramon Llull, 1, 07500 Manacor
- Parken: Zwei Tiefgaragen befinden sich in unmittelbarer Nähe des Marktes.
- Markttag: Montag 08:00–13:30 Uhr

Wochenmarkt Felanitx

Sonntags ist in Felanitx Markttag. Das schätzen die Einheimischen besonders, denn da hat man Zeit für ausgiebigen Tratsch und Klatsch.

- Stadtzentrum und Hauptplätze von Felanitx
- Markttag: Sonntag 09:00–14:00 Uhr

Wochenmarkt Portocolom

Ein kleiner, aber feiner Markt, der eine Auswahl an Obst, Gemüse, Pflanzen, Blumen, Kleidung und Schuhen bietet.

- Von der Calle de la Marina bis zur Plaza des Comerç, 07670 Portocolom
- Parken: Parkmöglichkeiten entlang der Hafenpromenade
- Markttage: Dienstag und Samstag 09:00–14:00 Uhr

IN MEINEN KOFFER PACKE ICH

Son Pocapalla

❶ Son Pocapalla Artà

Seit mehr als 100 Jahren bietet dieses Geschäft traditionelle, handgefertigte Korbwaren aus der heimischen Stechpalme an. Hier findet man eine große Auswahl an tollen Mitbringsel.

- Plaça del Conqueridor, 10, 07570 Artà
- http://sonpocapalla.com

❷ Son Pocapalla Capdepera

Wenn es nicht gelingt, das Hauptgeschäft in Artà zu besuchen, lohnt es sich, hier vorbeizuschauen.

- Carrer dels Segadors Gabellins, 2, 07580 Capdepera
- http://sonpocapalla.com

❸ Perlas Majoricas

An den Kunstperlen kommt man nicht vorbei – sie sind überall auf der Insel zu finden. Doch im Werk selbst gibt es die größte Auswahl, perfekt zum Stöbern und Vergleichen. Hier kann man auch einen Blick hinter die Kulissen der Perlenherstellung werfen.

- Carretera Palma-Artà, km 47, 07500 Manacor
- Mo–Sa 09:00–18:30 Uhr
- https://www.majorica.com

❹ Bodega Es Fangar

Eine der größten ökologisch bewirtschafteten Fincas Mallorcas mit mehrfach ausgezeichneten Weinen. Im Ladengeschäft können Sie die Weine direkt erwerben. Es Fangar bietet zudem Führungen und Weinverkostungen nach vorheriger Vereinbarung an. Kontakt: info@es-fangar.com

- Carrer Son Colom, 23, 07200 Felanitx
- Mo–Fr 08:00–16:00 Uhr
- https://www.es-fangar.com

Bodega Es Fangar

❺ Cerámicas Felanitx

Wer sich für traditionelle mallorquinische Keramik und Fliesen mit arabisch-orientalisch geprägten Mustern interessiert, ist hier genau richtig.

- Carrer de Bellpuig, 58, 07200 Felanitx
- nicht bekannt
- https://www.emblematicsbalears.es

Es Racó d'Artà

Es Racó d'Artà

ÜBERNACHTEN IM OSTEN

1 Es Racó d'Artà €€€€

Welch eine Offenbarung! Dieses einzigartige Refugium ist weit mehr als ein Hotel – es ist ein Lebensstil. Auf dem traumhaften Gelände dieser Finca verschmelzen Naturverbundenheit, Ruhe und authentisches Mallorca. Eine der schönsten Möglichkeiten, um vollkommen im Einklang mit der Umgebung zu verweilen.

- Camí des Racó, s/n, 07570 Artà
- https://www.esracodarta.com

2 Casal d'Artà € - €€

Das charmante Stadthotel im Herzen von Artà, direkt am Rathausplatz, wurde kürzlich geschmackvoll im traditionellen mallorquinischen Stil renoviert und mit modernen Annehmlichkeiten ausgestattet. Ein Highlight ist die Dachterrasse mit Blick auf das Kloster.

Carrer de Rafael Blanes, 19, 07570 Artà
https://www.casaldarta.com

INSIDER-TIPP! LIEBLINGSORT!

3 Principal Son Amoixa €€ - €€€

So stellt man sich Urlaub in einer renovierten Finca vor! Ein herrschaftliches Landgut aus dem 16. Jahrhundert, mit viel Liebe zum Detail restauriert. Im traumhaften Park kann ein Abend auf der Terrasse kaum romantischer sein.

Carretera de Cales de Mallorca - Manacor,
Km 3.4, 07500 Manacor
https://www.sonamoixa.com

INSIDER-TIPP!

4 Rafa Nadal Academy Residence €€ - €€€

In der modernen Academy des Weltstars können Sie auch übernachten, selbst wenn Sie kein Tennisspieler sind. Eine Tennisstunde auf Rafas Plätzen wäre natürlich eine einmalige Chance! Zugang zu den erstklassigen Sporteinrichtungen wie dem Fitnessstudio, dem Trainings-Schwimmbecken und den Laufstrecken ist inklusive. Und das gemeinsame Frühstück mit den zukünftigen Weltstars am Buffet erinnert an einen Uni-Campus.

Carretera de Cales de Mallorca, Km 1.2,
07500 Manacor
https://www.rafanadalacademy.com

5 Petit Hotel Hostatgeria Sant Salvador €

Im Sant Salvador schlafen Sie nicht einfach irgendwo – hier übernachten Sie himmelwärts! Die schlichte Klosteratmosphäre hoch oben am Berg gepaart mit ausreichend Komfort sorgt dafür, dass Sie sich wie ein Pilger fühlen. Und das Frühstück? Atemberaubend mit dem Sonnenaufgang hoch über ganz Mallorca!

Carretera Felanitx a Porto Colom,
Ermita de SantSalvador, 07200 Felanitx
Reservierung über booking.com

Costitx
Ariany
Sencelles
Biniali
Sineu
A-13
Santa Eugènia
Lloret de Vistalegre
Petra
Pina
Sant Joan
Ma-3220
Vilafranca de Bonany
Son Gual
Algaida
Montuïri
Ma-15
Manacor
Ma-5010
Ma-5017
Ma-5030
Puig De Randa 540m
Porreres
Son Macià
Ma-14
Llucmajor
A-19
Felanitx
Sant Salvador 510m
Ma-5040
Ma-5120
Campos
Cas Concos des Cavaller
Calonge
Ma-6030
Ma-6014
Ma-6040
Ma-19
s'Alqueria Blanca
Ma-6015
sa Ràpita
Parc natural d'es Trenc i el Salobrar de Campos
Cala d'Or
Cala Pi
Santanyí
Parc natural de Mondragó
Ma-6101
ses Salines
Ma-6102
es Llombards
Ma-6100
Colònia de Sant Jordi
Cala Llombards
Ma-6110
ILLA DES CONILLS
CABRERA
Cabrera
Parc Nacional de l'Arxipèlag de Cabrera
0km
5

DER SÜDEN - WEISSE STRÄNDE UND SALINEN

Im Süden Mallorcas entfaltet sich eine ganz eigene Magie: Endlose Strände verschmelzen mit dem Blau des Meeres und mit weiß-rosa Salinen. Mit ihren unberührten Naturschutzparadiesen zeigt die Insel im Süden ihre sanfte, friedvolle Seite.

ENTDECKEN/ERLEBEN
1 GORDIOLA
2 Montuïri
3 Museu Etnològic dels Calderers
4 Puig de Randa
5 Llucmajor
6 Talaiot de Capocorb Vell
7 Cap Blanc
8 Parc Natural Es Trenc-Salobrar
9 Fontsanta Hotel Thermal Spa
10 Colònia de Sant Jordi
11 Cabrera Archipelago Maritime
12 Cap de Ses Salines
13 Ses Salines
14 Santanyí
15 Aussicht auf „Es Pontas“
16 Parc natural de Mondragó
17 Campos
18 Porreres
19 Santuari de Monti-Sión

EIN TAG AM MEER
1 Cala Pi
2 Es Trenc
3 Caló des Moro
4 Cala s'Almunia
5 Cala Llombards
6 Cala Santanyí
7 Cala Figuera
8 Cala S'Amarador
9 Cala Mondragó
10 Cala d'Or

DER GUTE GESCHMACK
1 Café Drac
2 Bar Esperanza
3 Restaurant La Petite Iglesia
4 Salicornia Restaurant
5 Restaurant Es Molí
6 Mirador de Cabrera

IN MEINEN KOFFER PACKE ICH
1 GORDIOLA
2 Veintiuno Home Decor
3 TerraOrigens Mallorca
4 La Recova
5 Salinas d'es Trenc

ÜBERNACHTEN
1 Es Figueral Nou Hotel
2 S'Hotelet de Santanyí
3 Cal Reiet Holistic Retreat
4 Hotel Rural Sa Galera
5 Fontsanta Hotel Thermal Spa

ENTDECKEN UND ERLEBEN

1 Algaida – Glasbläserei Gordiola

Der burgähnliche Bau direkt an der Autobahn Ma-15 fällt sofort ins Auge. In der ältesten Glasbläserei Mallorcas, Gordiola, brennen die Öfen seit über 300 Jahren. Besucher können dem eingespielten Team bei der Arbeit zusehen und miterleben, wie Kunstwerke entstehen – und im großen Ladengeschäft einzigartige Glasprodukte erwerben.

- Ma-15 Palma-Manacor, Km 19, 07210 Algaida
- Mo–Fr 09:30–18:00 Uhr, Sa 09:00–12:00 Uhr
- https://www.gordiola.com

INTERESSANT!

Im 17. Jahrhundert reiste ein Vorfahre der Familie Gordiola nach Murano, der Hochburg der Glaskunst. Dort eignete er sich das streng gehütete Wissen an und brachte es nach Mallorca, um die Glasbläsertradition auf der Insel zu etablieren und weiter zu verfeinern.

2 Montuïri

Das charmante Dorf thront malerisch auf einem Hügel und zieht schon aus der Ferne die Blicke auf sich. Montuïri gehört zu den ältesten Orten Mallorcas und bewahrt mit seinen engen Gassen und traditionellen Steinhäusern ein besonderes

Flair. Die Anordnung der Gebäude und die verwinkelten Straßen lassen die maurischen Wurzeln des Ortes erahnen. Über allem erhebt sich die Kirche Sant Bartomeu, die den Mittelpunkt des Dorfes bildet.

Typisch Mallorca!

Ein weiteres charakteristisches Merkmal sind die vielen Windmühlen, die die Landschaft Mallorcas prägen. Auch wenn viele von ihnen ihre Flügel verloren haben, zeugen sie noch immer von der einstigen Bedeutung für die Landwirtschaft als Getreidemühlen und Wasserpumpen.

3 Landgut Els Calderers

Eingebettet in die sanften Hügel der Inselmitte erstreckt sich das historische Landgut mit seinen prächtigen Steingebäuden und weitläufigen Feldern über eine beeindruckende Fläche. Ein Besuch gibt Einblick in das ländliche Leben der Adeligen auf Mallorca im 18. und 19. Jahrhundert. Der Herrensitz präsentiert Möbel, Werkzeuge und Alltagsgegenstände, die das Leben der damaligen Gutsherren und ihrer Arbeiter greifbar machen.

- Ma-15 Palma-Manacor, Km 37, 07240 Sant Joan
- Di–So 10:00–18:00 Uhr
- € Erwachsene: 8 €
- https://www.elscalderers.com

Els Calderers

Santuari de Cura

4 Klosterberg Randa und Santuari de Cura

Majestätisch erhebt sich der Klosterberg Randa aus der südlichen Ebene Mallorcas und bietet ein Panorama, das seinesgleichen sucht. Die kurvenreiche Auffahrt zum Gipfel steigert die Vorfreude auf die spektakuläre Aussicht. Auf dem höchsten Punkt des Berges liegt das Santuari de Cura, ein spiritueller Rückzugsort aus dem 13. Jahrhundert. Der Philosoph und Theologe Ramon Llull fand hier Inspiration für viele seiner Werke.

Die Klosteranlage kann besichtigt werden. Sehenswert sind die schlichte Kirche und das kleine Museum, das Artefakte aus vergangenen Jahrhunderten präsentiert. Für eine Auszeit in ruhiger Umgebung besteht die Möglichkeit, klösterlich schlicht zu übernachten. Informationen und Buchungen unter +34 971 120 260.

- Puig de Randa, 07629 Randa
- Täglich, 10:00–17:00 Uhr
- € kostenlos (Spende möglich)
- https://www.santuaridecura.com

INSIDER-TIPP!

Im Klostershop gibt es viele tolle lokale Produkte, wie beispielsweise typische Mandelspezialitäten.

Llucmajor

5 Llucmajor

Die größte Stadt im Süden Mallorcas passiert man oft auf dem Weg nach Es Trenc oder zu den Ausgrabungen von Capocorb Vell. Dabei lohnt sich ein kurzer Halt, denn Llucmajor überrascht mit schönen Herrenhäusern und dem Kloster Konvent Sant Bonaventura. Besonders an Markttagen pulsiert hier das Leben, wenn die einheimische Bevölkerung mit frischen Produkten und Kunsthandwerk die Gassen füllt.

6 Capocorb Vell

Die Ausgrabungsstätte zählt zu den bedeutendsten und am besten erhaltenen auf der Insel und bietet einen guten Einblick in die Geschichte der Talaiot-Kultur. Beim Spaziergang durch die Überreste der steinernen Türme und Mauern der Wohn- und Wehranlage bekommt man ein Gefühl für das Leben in einer prähistorischen Siedlung. Tafeln geben hilfreiche Informationen und machen die Strukturen verständlicher.

- Ma-6014, km 23, 07620 Llucmajor
- Täglich, außer donnerstags, 10:00–16:00 Uhr
- € Erwachsene: 3 €, nur Barzahlung

Capocorb Vell

Cap Blanc

7 Cap Blanc

An der Südküste Mallorcas erhebt sich die beeindruckende Steilküste von Cap Blanc, wo die Natur sich wild und unberührt präsentiert. Ein Highlight ist der Leuchtturm von Cap Blanc, der auf der Spitze der Klippe thront und schon von weitem sichtbar ist. Vom Leuchtturm aus bietet sich ein großartiger Panoramablick – besonders bei Sonnenuntergang, wenn das Licht die Klippen in warme Farben taucht. **Tipp:** Packen Sie Wanderschuhe ein! Der Weg führt über schmale und schroffe Pfade entlang der Steilküste.

- Ma-6014, Far de Cap Blanc, Llucmajor

8 Parc Natural Es Trenc und Salinas d'Es Trenc (Salinas de Levante)

Das geschützte Paradies im Süden Mallorcas verzaubert mit einer Landschaft, die sich deutlich von anderen Regionen der Insel unterscheidet. Weite Dünen und lange weiße Sandstrände machen diesen Ort zu einem der schönsten Naturgebiete Mallorcas.

Eingebettet in das Naturschutzgebiet liegen die Salinen von Es Trenc, wo seit Jahrhunderten Meersalz gewonnen wird. Besonders bekannt ist das Flor de Sal, das in vielen Geschäften und Märkten der Insel angeboten wird. Geführte Touren in den Salinen geben nicht nur Einblick in die Salzgewinnung sondern auch in das Ökosystem. Mit etwas Glück lassen sich in den Salzbecken Flamingos beobachten. Vor Ort gibt es einen Salz-Shop und (außer im Winter) ein Café. Am besten bucht man die Tour online über die Webseite.

- Ma-6040, Crta. Campos a Colònia Sant Jordi, km 8, 07630 Campos
- Täglich, 10:00–17:00 Uhr
- € Erwachsene: 10 € , Kinder ab 8 Jahren 6 €
- https://flordesal.com
- Vom Parkplatz der Salinen von Es Trenc führt ein Weg hinunter zum Strand von Es Trenc. Dort gibt es einen kostenpflichtigen Parkplatz (Parking Es Trenc Ses Salines).

WUSSTEN SIE?

Flamingos finden in den Salzbecken Salinenkrebse, deren Carotinoide ihr Gefieder rosa färben.

Und es sind die Pigmente von Mikroorganismen, die die Wasserflächen rosa bis rot schimmern lassen.

Thermalquelle Fontsanta

INSIDER-TIPP!

9 Thermalquelle Fontsanta – Tiefenentspannung garantiert

Wer Erholung sucht, sollte unbedingt rechtzeitig im Fontsanta reservieren. Mallorcas einzige natürliche Thermalquelle mit ihrem warmen, mineralreichen Wasser, ist eine echte Oase für die Sinne. Mit einem Tagespass kommen auch Nicht-Hotelgäste in den Genuss – obwohl eine Übernachtung im Hotel ein wahrer Traum ist. Leider im Winter geschlossen. Ab 16 Jahren.

- Colònia de Sant Jordi, km 8,2, 07630 Campos
- https://fontsantahotel.com

10 Colònia de Sant Jordi

Das einstige Fischerdorf hat sich seinen Charme bewahrt, auch wenn der Hafen heute von zahlreichen Restaurants geprägt ist. Hier befindet sich der Ausgangspunkt für die Überfahrt zur Insel Cabrera, einem der unberührtesten Naturparks Mallorcas.

Wer lieber am Ufer bleibt, kann das Aquarium Cabrera besuchen, das spannende Einblicke in die Unterwasserwelt rund um die Inselgruppe bietet – besonders für Familien ein lohnendes Ziel. Ein Spaziergang entlang der Küste zum Leuchtturm ist ebenfalls ein schöner Ausflug.
Aquarium Cabrera:

- Carrer Gabriel Roca, 07638 Colònia de Sant Jordi
- Täglich 10:00–17:00 Uhr (Winter geschlossen)
- € Erwachsene: 8 €, Kinder ab 3 Jahren 4 €

Aquarium Cabrera

11 Insel Cabrera – Ein Ausflug zur Ziegeninsel

Mit etwas Glück begleiten Delfine die Überfahrt nach Cabrera. Im ruhigen Naturparadies angekommen, kann man nach einer etwa 20-minütigen Wanderung das Castell Cabrera, eine Burg-

Cap de Ses Salines

ruine aus dem 14. Jahrhundert, erreichen. Die Blaue Grotte hingegen ist ausschließlich im Rahmen einer geführten Bootstour zugänglich.
Aufregend: Auf der Insel gibt es sogar eine einfache Herberge. Dort gilt jedoch eine nächtliche Ausgangssperre, um der Natur ihre Ruhe zu garantieren. Die Buchung erfolgt über die offizielle Website des Institut Balear de la Natura (IBANAT): http://ibanat.caib.es

INTERESSANT!

Cabrera birgt eine bewegte Vergangenheit. Einst diente die Insel als Versteck für Piraten und später als Gefängnisinsel. Seit 1991 steht sie als Nationalpark unter besonderem Schutz.

Tickets für die Überfahrt bekommt man im Hafen von Colònia de Sant Jordi. Empfehlenswerte Touren bietet zum Beispiel: https://www.excursionsacabrera.es

Castell Cabrera

12 Cap de Ses Salines

Wer den südlichsten Punkt Mallorcas betreten möchte, landet am Cap de Ses Salines, wo die Insel endet und der weite Horizont beginnt. Für Fans von Leuchttürmen bietet sich hier eine weitere Chance – auch wenn man ihn nur von außen bestaunen kann. Ein Spaziergang entlang der rauen Küste führt vorbei an versteckten Buchten, die mit glasklarem Wasser und völliger Stille locken.

Der Blick schweift bis zur Insel Cabrera, und wenn die Sonne untergeht, färben sich Himmel und Meer in Rot- und Orangetönen. Auch hier gilt: Die felsigen Wege sind nichts für Flip-Flops.

🚗 Von Ses Salines über die Ma-6110 direkt zum Cap. Es ist üblich, entlang der Straße zu parken und die letzten Meter zu Fuß zurückzulegen.

13 Ses Salines

Eigentlich ein charmantes Dorf mit hervorragenden Restaurants, doch die meisten fahren nur durch – entweder zu den Salzfeldern oder zum größten botanischen Garten der Insel.
Auf über 50.000 Quadratmetern erstreckt sich im Botanicactus-Park die Landschaft aus Kakteen und tropischen Pflanzen. Beeindruckend sind die gigantischen Kakteen, die wie aus einer anderen Welt wirken, und der künstlich angelegte See. Am Eingang gibt es eine kleine Cafeteria.

📍 Crta. Ses Salines, km 1, 07640 Ses Salines
🌐 https://www.botanicactus.com

14 Santanyí

Auf dem Weg zur malerischen Bucht Cala Santanyí lohnt sich ein Zwischenstopp in der Kleinstadt Santanyí. Auffallend sind die prächtigen Patrizierhäuser aus dem ockerfarbenen Sandstein, der hier in der Gegend abgebaut wird. Die Pfarrkirche Sant Andreu birgt eine berühmte Orgel aus dem 18. Jahrhundert, die ursprünglich aus dem Kloster Santo Domingo in Palma stammt. Rund um die Kirche liegen nette Lokale und zahlreiche Kunstgalerien, die Werke lokaler und internationaler Künstler präsentieren.

Die meisten Besucher kommen jedoch nach Santanyí wegen der Buchten, die idyllisch zwischen Felsen liegen, wegen Es Pontàs, dem berühmten Felsbogen im Meer, der ein beliebtes Fotomotiv ist, und nicht zuletzt wegen des Parc Natural de Mondragó, einem Naturschutzgebiet mit traumhaften Stränden.

15 Es Pontàs

Wie ein steinerner Torbogen erhebt sich Es Pontàs majestätisch aus dem türkisfarbenen Meer und zählt zu den spektakulärsten Naturwundern Mallorcas. Diese natürliche Felsbrücke nahe der Cala Santanyí ist nicht nur ein beliebtes Fotomotiv, sondern auch ein Magnet für Kletterer, die sich an den steilen Felswänden messen.

🚗 Über die Ma-6100, kurzer Wanderweg ab dem Parkplatz in der Nähe der Cala Santanyí.

Santanyí

Es Pontàs

16 Parc Natural de Mondragó

Wer die noch unberührtere Seite Mallorcas entdecken möchte, sollte einen Abstecher in den Parc Natural de Mondragó einplanen. Gleich mit zwei Traumstränden wartet dieses Gebiet auf – der Cala Mondragó und der Cala S'Amarador. Zwischen den Stränden erstrecken sich dichte Pinienwälder, durchzogen von Wanderwegen, die auch an der Küste entlangführen. Mit etwas Geduld entdeckt man hier Schildkröten, die den Park zu ihrer Heimat gemacht haben.

Mondragó, 07691 Santanyí
Täglich, 9:00–18:00 Uhr

17 Campos

Auf dem Weg zurück in den Norden lohnt sich ein Stopp in Campos, um im Restaurant Can Calent einzukehren. Markttag ist samstags – ideal, um in der **Bäckerei Pomar** bei einem Cortado das bunte Treiben zu beobachten und – wie die Einheimischen – eine Ensaïmada fürs Wochenende mitzunehmen.

Parc Natural de Mondragó

Bäckerei Pomar

INSIDER-TIPP!

18 Porreres und ein echter Dalí

Das unterschätzte Städtchen überrascht mit kulturellen Schätzen abseits der üblichen Touristenpfade.
Kunstliebhaber sollten sich Zeit nehmen für das Museu i Fons Artístic de Porreres, das eine umfangreiche Kunstsammlung beherbergt. Ein besonderes Highlight: zwei Originalwerke von Salvador Dalí.

19 Dann wäre noch das **Santuari de Monti-Sion**, ein ehemaliges Kloster aus dem 14. Jahrhundert, zu nennen. Es thront auf dem gleichnamigen Berg – eher ein Hügel –, den man über eine etwa 3 Kilometer lange Serpentinenstraße erreicht. Eine Besonderheit des Klosters ist der gut erhaltene Klassenraum der einstigen Jesuitenschule sowie der beeindruckende Kreuzgang.

🕒 Sa, So, Mi, Do 9:30–17:00 Uhr,
Fr 17:30–23:30 Uhr
€ Der Eintritt ist kostenlos.

Santuari de Monti-Sion

Es Trenc

EIN TAG AM MEER

Tief eingeschnitten in die zerklüftete Küste des Südostens Mallorcas funkeln fjordähnliche Traumbuchten wie Juwelen – eingerahmt von steilen Felswänden und duftenden Pinien. Und das Wasser? So klar und türkis, dass man sich in der Karibik wähnt.

Aber wohin zuerst, bei all den Bilderbuchbuchten, von denen jede schöner scheint als die andere? Die Cala Mondragó lädt mit ihrer Doppelbucht zu einer kleinen Strandwanderung ein, während in der Cala Llombards charmante Fischerhäuschen Postkartenmotive liefern. Die Caló des Moro, versteckt und spektakulär, trägt nicht umsonst den Titel der schönsten Bucht der Insel. Und dann wäre da noch die Cala Figuera – eher ein romantisches Fischerdorf als ein Strand, aber der Blick aufs türkisfarbene Wasser zwischen den Booten ist einfach zauberhaft.

Geheimtipps? Wohl kaum. Aber – kommen Sie früh! Im ersten Licht des Morgens haben Sie die Chance, die Schönheit der Buchten fast für sich allein zu genießen. Vergessen Sie nicht, Schnorchel und Kamera einzupacken!

FOTO-SPOT!

1 Cala Pi – ein Fjord im Mittelmeer

Steile Felswände, leuchtend türkisfarbenes Wasser und mittendrin diese malerische Bucht.

Cala Pi, 07639 Llucmajor

P Kostenlose Parkplätze in der Nähe des Turms.

Tipp! Ein Spaziergang zum historischen Torre de Cala Pi, einem alten Wachturm mit grandioser Aussicht.

2 Es Trenc – Die Karibik Mallorcas

Der scheinbar endlose Strand mit feinem weißen Sand wird oft als Karibik von Mallorca bezeichnet.

Zwischen Ses Covetes und Colònia de Sant Jordi

Highlight: Flamingo-Beobachtungen in den nahegelegenen Salinen.

3 Caló des Moro – verstecktes Juwel bei Cala Llombards

Kristallklares Wasser und eine spektakuläre Lage, umrahmt von Felsen, machen die Caló des Moro zu einer der beeindruckendsten Buchten Mallorcas. Tipp: Festes Schuhwerk ist ratsam, da der Weg steil und anspruchsvoll ist.

07650 Sant Antoni de Portmany

Caló des Moro

4 Cala S'Almunia – Ein Naturkino in Türkis

Felsige Klippen und smaragdgrünes Wasser – ein Stückchen Mallorca wie aus dem Bilderbuch. Die kleine, versteckte Bucht ist ideal für Schnorchler und Ruhesuchende.

- Cala S'Almunia, 07650 Cap des Moro
- Kostenlos; der Weg zur Bucht führt über eine steile Treppe.

Tipp: Früh kommen – die Bucht ist klein und schnell voll. Ein kurzer Spaziergang führt außerdem zu den Natursteinbögen von Es Pontàs.

5 Cala Llombards – idyllisch und familienfreundlich

Eine kleine, geschützte Bucht mit feinem Sand und klarem Wasser, perfekt für Familien und Schnorchelfans.

- Cala Llombards, 07690 Santanyí

6 Cala Santanyí – charmanter Klassiker mit allem Komfort

Idyllische Bucht, glasklares Wasser und dazu eine kleine Auswahl an Restaurants und Bars – diese Bucht hat alles, was es für einen entspannten Tag am Meer braucht. Perfekt für Familien – das Wasser ist flach und ruhig.

- Cala Santanyí, 07659 Santanyí
- Ein kostenpflichtiger Parkplatz liegt nur wenige Schritte vom Strand entfernt.

7 Cala Figuera – Fischerdorf-Romantik

Mehr Fischerhafen als Badebucht. Diesen idyllischen Ort mit seinen bunten Bootshäusern darf man keinesfalls verpassen.

- Cala Figuera, 07659 Santanyí

Tipp: Frühmorgens sind die Fischer mit ihrem Fang im Hafen anzutreffen, wo dieser für den Weiterverkauf vorbereitet wird.

Cala Santanyí

8 Cala S'Amarador – Natur pur im Mondragó-Nationalpark

Ein Traumstrand, eingebettet in eine geschützte Bucht mit feinem Sand und türkisfarbenem Wasser. Perfekt für einen Badetag oder als Startpunkt für Wanderungen im Nationalpark.

- Torrent Roig S'Amarador, 07690 Santanyí
- Kostenlos am nahegelegenen Parkplatz des Nationalparks.

9 Cala Mondragó – Natur trifft Badespaß

Eine türkisfarbene Perle im Herzen des Naturparks Mondragó.

- Cala Mondragó, 07691 Santanyí

Tipp: Die Buslinie 521 verbindet Cala d'Or direkt mit Cala Mondragó

10 Cala d'Or – Eleganz trifft Badefreude

Cala d'Or ist eigentlich ein moderner Ferienort mit zahlreichen Restaurants und einem Yachthafen, der gleich mit sechs malerischen Buchten wie der Cala Gran (die größte), der Cala Esmeralda und der Cala Ferrera gesegnet ist.

- Cala d'Or, 07660 Santanyí

Cala d'Or

DER GUTE GESCHMACK DES SÜDENS

INSIDER-TIPP!

① Café Drac

Ein kleines Paradies in Santanyí: Mit direktem Blick aufs Meer und einer entspannten Beach-Life-Atmosphäre lockt das Café mit frischen, typisch mallorquinischen Speisen. Besonders empfehlenswert: der sensationell frische Burger, der hier Kultstatus genießt.

Carrer Cova des Drac, 17, 07659 Santanyí
https://cafe-drac.de

② Bar Esperanza

Diese lässige Strandbar liegt an einem der schönsten Abschnitte von Es Trenc und kombiniert Restaurantflair mit entspannten Beach-Vibes. Die vielfältige Speisekarte bietet für jeden Geschmack das Richtige, und das alles zu einem fairen Preis-Leistungs-Verhältnis.

Carrer Covetes, 07639 Ses Covetes
Reservierung: +34 608 62 21 65

③ Restaurant La Petite Iglesia

Französische Küche auf Mallorca? Absolut – und wie! In einer liebevoll restaurierten kleinen Kirche und auf dem charmanten Vorplatz umsorgt Gastgeberin Liliane ihre Gäste mit zauberhafter Herzlichkeit, während ihr Mann in der Küche wahre Gaumenfreuden zaubert.

Carrer la Marina, 11, 07659 Cala Figuera
Reservierung: +34 971 64 50 09

④ Salicornia Restaurant Mallorca

Direkt am alten Hafen von Colònia de Sant Jordi serviert das Salicornia neu interpretierte mallorquinische Küche in exzellenter Qualität.

Café Drac

Auch Vegetarier kommen hier auf ihre Kosten. Außerdem werden in der stilvollen Bar köstliche Cocktails gezaubert.

- Carrer Gabriel Roca, s/n, 07638 Colònia de Sant Jordi
- https://www.salicorniarestaurant.com

5 Restaurant Es Molí

In der urigen, ehemaligen Mandelmühle mitten in Santanyí werden Tapas-Träume wahr. Ob Pimientos de Padrón, Gambas in Knoblauch, Croquetas oder Sardinen – hier gibt es eine köstliche Auswahl, die tagsüber und abends gleichermaßen gut schmeckt.

- Carrer Consolació, 19, 07650 Santanyí
- Reservierung: +34 971 65 36 29

6 Mirador de Cabrera

Ein wahrer Sehnsuchtsort rund um die Cala Pi: Das Restaurant Mirador macht seinem Namen alle Ehre. Der Blick auf das Meer und die schroffen Felsen ist einfach spektakulär.

- Pas de Carrer de Murillo, 8, 07639 Vallgornera
- https://www.mirador-de-cabrera.com

MÄRKTE

Wochenmarkt Santanyí

Wenn Mittwoch und Samstag anbrechen, erwacht Santanyí zum Leben. Die engen Gassen füllen sich mit bunten Ständen, die von frischem Obst und Gemüse bis hin zu handgefertigtem Kunsthandwerk alles bieten.

- Rund um den Placa Major und die Kirche Sant Andreu, 07650 Santanyí
- Markttage: Mittwoch und Samstag, 08:00–13:00 Uhr

Wochenmarkt Campos

Donnerstags und samstags verwandelt sich das Herz von Campos in einen lebhaften Basar. Hier trifft man auf lokale Bauern, die ihre frischen Produkte anbieten, und Kunsthandwerker, die ihre neuesten Kreationen präsentieren.

- Zentrum von Campos, 07630 Campos
- Markttage: Donnerstag und Samstag, 09:00–14:00 Uhr

Wochenmarkt Santanyí

IN MEINEN KOFFER PACKE ICH

HIGHLIGHT!

❶ Glasfabrik Gordiola

Zum Glück führt die Ma-15 direkt an der Glasfabrik Gordiola vorbei. Die Glasbläser bei ihrer Arbeit zu beobachten, ist faszinierend, und im Shop warten wunderschöne Glasobjekte darauf, entdeckt zu werden.

- Carretera Palma-Manacor, km 19, 07210 Algaida
- Mo–Sa 09:00–13:30 Uhr und 14:30–18:30 Uhr
- https://www.gordiola.com

❷ Veintiuno Shop

Im Herzen von Santanyí führen Nicole und Stephan einen stilvollen Laden. Neben Wohnaccessoires, Mode und Schmuck ist es vor allem die hauseigene Bio-Kaffeerösterei und die Leidenschaft für das Kaffeerösten, die unsere Begeisterung geweckt hat.

Veintiuno Shop

- Carrer de s'Aljub, 37, 07650 Santanyí
- Mo–Sa 10:00–14:00 Uhr; Di, Do, Fr 10:00–17:00 Uhr
- https://www.veintiuno-home.com

❸ Terra Origens Shop Santanyí

Keramik und Café – das passt schon immer gut zusammen. Nach einem gemütlichen Frühstück oder Lunch kann man in der angeschlossenen Terra Ceramica exquisite Keramikkunstwerke als Mitbringsel erwerben.

- Carrer Portell, 2 - 4, 07650 Santanyí
- Mo–Sa 09:00–17:00 Uhr

❹ La Recova Ses Salines

Der Concept Store bietet handgefertigte und nachhaltige Produkte mit Geschichte an. Jedes Stück stammt von Kunsthandwerkern der Insel.

- Carrer Bonico, 2, 07640 Ses Salines
- Mo–Fr 10:00–14:00 Uhr und 17:00–20:00 Uhr; Sa 10:00–14:00 Uhr
- https://www.larecovamallorca.com

Flor de Sal

HIGHLIGHT!

❺ Flor de Sal d'Es Trenc

Im Naturschutzgebiet nahe dem Strand von Es Trenc wird das Premium-Meersalz Flor de Sal d'Es Trenc von Hand geerntet. Besucher können die Salinen besichtigen und das „weiße Gold Mallorcas" in verschiedenen Geschmacksrichtungen erwerben.

- Carretera Campos a Colònia de Sant Jordi, km 8,7, 07630 Campos
- https://www.flordesal.com

ÜBERNACHTEN

1 Es Figueral Nou €€

Landluxus in der Inselmitte. Zwischen duftenden Gärten und Olivenhainen steht das Anwesen aus dem 18. Jahrhundert, das Charme und Komfort mühelos vereint. Ab 12 Jahren.

Carretera de Montuïri a Sant Joan, km 7, 07230 Montuïri
https://calreiet.com/

2 S'Hotelet de Santanyí €€€

Im Herzen von Santanyí, direkt neben der Dorfkirche, liegt das wahrhaft liebevoll renovierte historische Stadthaus mit nur fünf Zimmern, entzückendem Innenhof und Außenpool.

Carrer d'en Simonet, 3, 07650 Santanyí
https://hoteletsantanyi.com/

3 Cal Reiet Holistic Retreat €€€ - €€€€

Ein Refugium für Körper und Geist: Inmitten eines üppigen mediterranen Gartens gelegen, bietet es Yoga-Kurse, Meditation und vegetarische Küche aus frischen Bio-Produkten. Ein wunderbares Refugium, nur wenige Kilometer von den Stränden Cala Santanyí und Cala Llombards entfernt.

Carrer de Cal Reiet, 80, 07650 Santanyí
https://calreiet.com/

4 Hotel Sa Galera € - €€

Eingebettet in eine weitläufige Gartenanlage mit über 5000 Mandelbäumen, empfängt das restaurierte Herrenhaus aus dem 13. Jahrhundert seine Gäste. Umgeben von Olivenhainen und Weinbergen, bietet es mit einem wunderbaren Restaurant den perfekten Rückzugsort für Erholungssuchende.

Carretera Santanyí - Cas Concos, km 6,3, 07208 Cas Concos
https://hotelsagalera.com/

5 Fontsanta Hotel Thermal Spa & Wellness €€€€

Eingebettet in die unberührte Natur des Naturschutzgebietes liegt das Fontsanta mit den einzigen natürlichen Thermalquellen der Inselgruppe. Mit luxuriöser Eleganz setzt es dieses Geschenk des mineralreichen, warmen Wassers in Szene und ergänzt den Genuss mit einem vorzüglichen Restaurant der gehobenen Klasse.

Carretera Campos a Colònia de Sant Jordi, km 8,2, 07638 Campos
https://fontsantahotel.com/

ABENTEUERLICH!

Albergue de Cabrera €

Für Abenteurer abseits der Touristenpfade – und für alle, denen die Natur als Luxus genügt – bietet die Herberge eindrückliche Erlebnisse: vollkommene Stille, sternenklare Nächte und eine strikte nächtliche Ausgangssperre, die der Natur ihre wohlverdiente Ruhe schenkt.

Parque Nacional del Archipiélago de Cabrera
https://ibanat.caib.es (Buchung leider nur auf Spanisch möglich)

Parque Nacional del Archipiélago de Cabrera

10 Ausflüge, die Sie ins wahre Mallorca führen

1 Die Küstenstraße Ma-10 – Ein Traum zwischen Andratx und Sóller

Die Ma-10 schlängelt sich von Andratx durch atemberaubende Berglandschaften bis zum Hafen von Port de Sóller. Entlang der Route entdeckt man pittoreske Dörfer wie Banyalbufar und Deià, trifft freche Bergziegen und genießt Panoramen, die Postkartenidyllen gleichen. Hier ist der Weg das Ziel. → S. 47

2 Finca Son Real – auf den Spuren der Vergangenheit

Von der historischen Finca aus erreicht man zu Fuß oder mit dem Fahrrad die beeindruckende Nekropole Son Real. Mit ihrer Lage direkt am Meer wirken die Überreste der prähistorischen Grabanlage aus der Talaiot-Kultur noch mystischer. → S. 78

3 Naturpark Dragonera – Mit dem Boot zur Dracheninsel

Nur eine kurze Überfahrt trennt Mallorca von dieser unbewohnten Insel, einer Oase der Ruhe und Ursprünglichkeit. Alte Leuchttürme, duftende Pinienwälder und die wilde Schönheit des Naturparks laden zum Erkunden und Verweilen ein. → S. 60

4 Nostalgische Zugfahrt von Palma nach Sóller

Einsteigen und die Zeit zurückdrehen: Der historische Holzzug fährt durch malerische Täler, vorbei an Orangenhainen und schroffen Felswänden. Eine Reise, bei der schon die Fahrt selbst das Ziel ist. → S. 60

5 Wanderung – Rundtour Sóller, Fornalutx und Biniaraix

Diese Wanderung zählt zu den schönsten der Serra de Tramuntana. Die Tour startet in Sóller, führt über Binibassí ins malerische Dorf Fornalutx, dann mit einem Abstieg über die historischen Steinstufen nach Biniaraix und zurück nach Sóller. Ein Teil der Route folgt dem gut ausgeschilderten Fernwanderweg GR 221, der auch als „Trockenmauerroute" bekannt ist. → S. 134

6 Ölmühle Can Det – und das flüssige Gold

Seit über 400 Jahren prägt die Ölmühle Can Det die Landschaft von Sóller – eine der letzten ihrer Art, die nach traditionellem Verfahren arbeitet, wo Oliven noch mit einer Steinpresse verarbeitet werden. Die Verkostung am Ende der Führung bildet den krönenden Abschluss.
→ S. 54

7 Parc Natural de Llevant – Wilder Charme im Nordosten

Wo die Berge ins Meer stürzen und Wanderwege ins Unbekannte führen: Der Naturpark bei Artà mit seiner ursprünglichen Wildnis und seinen einsamen Buchten ist ein Paradies für Wanderer, die die unberührte Seite Mallorcas suchen. → S. 91

8 Felanitx und der Puig de Sant Salvador – Spiritualität mit Weitblick

Nach dem Aufstieg belohnt der grandiose Panoramablick über die Insel. Die Sicht von der historischen Klosteranlage auf dem Puig de Sant Salvador reicht bis zu den Küsten. → S. 99

9 Rafa Nadal Academy – Besuch bei den Tennisprofis

Einen Cortado über dem Center Court genießen, Nachwuchstalente beobachten und mit Glück Rafa Nadal persönlich erleben – oder doch eine Trainingseinheit buchen? → S. 97

10 Nationalpark Cabrera – Piraten und die Blaue Grotte

Ein Familienausflug in ein spannendes Paradies: Geführte Touren bieten eine leichte Wanderung zur Ruine des Castells, eine Bootstour zur Blauen Grotte und spannende Geschichten über die Insel als Piratennest und einstigen Gefängnisort. → S. 114

10 Abenteuer für Kinder und Eltern

1 Auf den Spuren der Piraten

Vor vielen Jahrhunderten waren die Küsten Mallorcas nicht sicher: Gefährliche Piraten durchstreiften das Mittelmeer auf der Suche nach Schätzen und Beute. Die Mallorquiner verteidigten sich mit hohen Wachtürmen und verbargen ihre Schätze in Höhlen. Heute könnt ihr selbst auf die Suche nach Piratenschätzen gehen:

Besucht die Drachenhöhlen (Coves del Drac) und entdeckt geheimnisvolle unterirdische Seen. → S. 96

Steigt auf den Torre de Ses Ànimes und haltet wie echte Piraten Ausschau nach feindlichen Schiffen. → S. 59

2 Pirates Adventure Dinner Show – Eine Piratenshow zum Mitfiebern

Ein absolutes Highlight für die ganze Familie: Diese spektakuläre Dinnershow in Magaluf entführt euch in die aufregende Welt der Piraten mit Akrobatik, packenden Kämpfen und einer mitreißenden Geschichte. Unterhaltung und Abenteuer für Groß und Klein!

- Camí Porrassa, 12, 07181 Magaluf
- Juni–September, täglich ab 19:30 Uhr (Showbeginn um 21:00 Uhr)
- € Ab 55 € Erwachsene, 35 € Kinder 3–12 Jahre
- https://www.piratesadventure.com

3 Katmandu Park

Ein Freizeitpark mit interaktiven Attraktionen, 4D-Kinos und coolen Wasserbereichen. Perfekt für Familien, die Spaß, Abwechslung und Abenteuer erleben möchten.

- Avenida Pedro Vaquer Ramis, 9, 07181 Magaluf
- saisonabhängig, bitte Webseite prüfen
- € Ab 29,90 € pro Person, Onlineticketkauf empfohlen – oft günstiger und schneller
- https://www.katmandupark.com

4 Palma Aquarium – Mehr als ein Schlechtwetter-programm

Taucht ein in die faszinierende Unterwasserwelt: Europas tiefstes Haifischbecken, die größte lebende Korallensammlung Europas und über 700 Meerestierarten warten darauf, entdeckt zu werden.

- Carrer Manuela de los Herreros i Sorà, 21, 07610 Palma
- Täglich, 10:00–18:00 Uhr
- € 29,50 € Erwachsene, 18 € Kinder
- https://www.palmaaquarium.com

5 Aqualand El Arenal – Spaß und Action

Ein gigantischer Wasserpark mit zahlreichen Rutschen, Pools und Kinderbereichen – perfekt für Wasserratten jeden Alters. Von rasanten Rutschen für ganz Mutige bis hin zu entspannten Wasserbereichen für Familien mit kleinen Kindern ist hier für jeden etwas dabei.

- Autovia Palma Arenal, Salida 13, km 15, 07600 El Arenal
- Juni bis September: Täglich, 10:00–18:00 Uhr
- € 30 € Erwachsene, 20 € Kinder 5–10 Jahre, kostenlos für Kinder unter 5 Jahren
- https://www.aqualand.es

6 Palma Jump Trampolinpark – Action bei jedem Wetter

Indoor-Trampolinpark mit Slacklines, Dodgeball und Sprungarenen. Perfekt für Unterhaltung bei jedem Wetter.

- Carrer de Can Valero, 10, 07011 Palma
- Täglich, 10:00–21:00 Uhr
- € Ab 12 € pro Stunde
- https://www.palmajump.com

7 Hidropark Alcúdia – Wasserspaß im Norden

Der einzige Wasserpark im Norden Mallorcas begeistert mit 15 Wasserrutschen, einem Wellenbad und einem Minigolfplatz.

- Avenida Tucán, s/n, 07410 Port d'Alcúdia
- Mai–Oktober: Täglich, 10:00–17:00 Uhr
- € 30,95 € Erwachsene, 19,95 € Kinder 3–10 Jahre
- https://www.hidroparkalcudia.com

8 Jungle Parc Junior Santa Ponsa – Kletterspaß für die ganze Familie

Der größte Kletterpark auf Mallorca mit Parcours für Kinder und Erwachsene. Ein Abenteuer in den Baumwipfeln, das Geschick und Mut erfordert – für alle Altersgruppen.

- Avenida Jaime I, 40 A,
  07180 Santa Ponsa
- Täglich, 10:00–18:00 Uhr,
  November–Februar: nur wochenends
- € 15 € für 1,5 Stunden
- http://www.jungleparc.es

9 La Reserva Puig de Galatzó – Natur pur für kleine Abenteurer

Ein idyllischer Naturpark mit Wasserfällen, einheimischen Tieren und malerischen Wanderwegen für die ganze Familie.

- Ctra. Puigpunyent-Galilea, Km 2,5,
  07194 Puigpunyent
- Täglich, 10:00–18:00 Uhr
- € 14 € Erwachsene, 7 € Kinder
- http://www.lareservamallorca.com

10 Delfinbeobachtung – Abenteuer in freier Wildbahn

Beobachtet Delfine in ihrem natürlichen Lebensraum. Die Tour startet bei Sonnenaufgang und dauert etwa 3 Stunden. Geeignet für Kinder ab 6 Jahren. April bis Oktober.

- Click Mallorca, Alcúdia Sea Explorers
- € Ab 55 € Erwachsene, ab 30 € Kinder
- https://www.clickmallorca.com

10 sportliche Erlebnisse - von Wandern bis Wassersport

1 Wandern in der Serra de Tramuntana – Rundtour Sóller, Fornalutx und Biniaraix

Diese Wanderung zählt zu den schönsten der Serra de Tramuntana. Die Tour startet in Sóller, führt über Binibassí ins malerische Dorf Fornalutx, dann mit einem Abstieg über die historischen Steinstufen nach Biniaraix und zurück nach Sóller. Ein Teil der Route folgt dem gut ausgeschilderten Fernwanderweg GR-221, der auch als „Trockenmauerroute" bekannt ist. Die abwechslungsreiche Strecke führt durch Olivenhaine und bietet tolle Ausblicke. Einkehrmöglichkeiten gibt es in Sóller, Fornalutx und Biniaraix.

etwa 4–5 Stunden

2 Wandern im Naturpark Mondragó – Wälder und Buchten

Ein Naturreservat mit kristallklaren Buchten, üppigen Kiefernwäldern und gut ausgeschilderten Wanderwegen für verschiedene Ansprüche. Ob kurze Spaziergänge oder längere Wanderungen, hier findet jeder etwas. Und der Blick auf die türkisfarbenen Buchten macht jede Anstrengung wett.

Parkplatz bei Cala Mondragó
Je nach Route 1–3 Stunden

3 Radtour entlang der Via Verde – von Manacor nach Artà

Die Via Verde, ein ehemaliger Bahntrassenweg, verbindet Manacor und Artà und bietet eine entspannte, aber abwechslungsreiche Fahrradtour. Auf 29 Kilometern radelt man durch idyllische Landschaften mit Olivenhainen, Mandelbäumen und charmanten Dörfern. Der flache Radweg ist perfekt für Radfahrer aller Fitnesslevels.

Startpunkt: Manacor oder Artà
Fahrradverleih: Verfügbar in Manacor oder Artà

4 Radtour für Fortgeschrittene – Von Port de Pollença zum Cap de Formentor

Für geübte Radfahrer ist diese Strecke ein absolutes Highlight. Die 18 Kilometer lange Panoramaroute führt vom Hafen Port de Pollença bis zum Leuchtturm Cap de Formentor – mit 500 Höhenmetern, spektakulären Ausblicken auf das Meer und kurvenreichen Passagen. Am Ziel thront der imposante Leuchtturm am nördlichsten Punkt Mallorcas.

- Startpunkt: Port de Pollença
- etwa 2 Stunden je Strecke

5 Kajaktour zur Insel Dragonera

Mit dem Kajak zur Dracheninsel – ein unvergessliches Abenteuer! Von Sant Elm aus paddeln Sie gemeinsam zur unberührten Insel Dragonera und können beim Schnorcheln die Unterwasserwelt entdecken.

- Startpunkt: Sant Elm
- https://keida.es

6 SUP-Tour in der Bucht von Sant Elm

Stand-up-Paddling (SUP) erfordert keine überragende Fitness – nur ein bisschen Gleichgewichtsgefühl. Die geführte Tour in der malerischen Bucht von Sant Elm bietet Ihnen die Möglichkeit, die Küstenlandschaft aus einer neuen Perspektive zu erleben.

- Startpunkt: Hafen von Sant Elm
- etwa 1,5–2 Stunden
- https://keida.es

7 Tennis in der Rafa Nadal Academy – Training bei den Profis

Für Tennisbegeisterte ein absolutes Highlight: einmal dort zu spielen, wo die Tennislegende Rafa Nadal selbst trainiert und junge Talente ausgebildet werden. Die Teilnahme an einem der Tagesprogramme ist möglich, eine Vorabbuchung ist jedoch erforderlich. sales@rafanadalacademy.com.

- Ctra. Cales de Mallorca s/n, 07500 Manacor
- https://www.rafanadalacademy.com

8 Reitausflug im Randa-Tal mit Mallorca Horses

Geführte Touren durch das Randa-Tal: Ausritte für jedes Erfahrungslevel. Mallorca Horses legt besonderen Wert auf eine harmonische Verbindung zwischen Reiter und Pferd sowie auf das Wohl der Tiere.

- Camí de s'Ullastre 39, 07620 Llucmajor
- Täglich, 9:00–19:00 Uhr (nach Vereinbarung)
- € Ab 69 € pro Person
- https://mallorcahorses.com/de/

9 Segeln entlang der Küste Mallorcas

Erleben Sie die Schönheit Mallorcas vom Wasser aus – ob bei einer Halb- oder Ganztagestour mit dem Segelboot oder einem Segelkurs für Anfänger und Fortgeschrittene. Besonders empfehlenswert sind die Angebote in Port d'Alcúdia oder Playa de Muro.

https://alcudiaseatrips.com

10 Wind- und Kitesurfen in der Bucht von Alcúdia

Die weitläufige Bucht von Alcúdia ist ein Paradies für Wind- und Kitesurfer. Egal, ob Anfänger oder Profi, die konstanten Winde und flachen Wasserbereiche bieten ideale Bedingungen für jedes Level. Surfschulen vor Ort bieten Kurse und Ausrüstung.

Playa de Alcúdia
https://windfriends.com oder
https://watersportsmallorca.com

WOCHENMÄRKTE – KEIN TAG OHNE MARKTBESUCH

Typisch Mallorca!

Die Märkte Mallorcas sind das Herzstück des Insellebens und ein unverzichtbarer Teil der Kultur und des Alltags. Egal, ob Sie den quirligen Mercat de l'Olivar in Palma oder den traditionellen Wochen- und Viehmarkt in Sineu besuchen – jeder Markt versprüht den Charme seines Ortes. Auf der Insel vergeht kaum ein Tag ohne Marktgeschehen, und selbst in kleinen Dörfern finden sich bunte Stände.

WUSSTEN SIE?
Im Gegensatz zum spanischen Festland ist Feilschen auf Mallorca unüblich und wird nicht gern gesehen.

Die Top-10 Wochenmärkte:

1a Mercat de Santa Catalina, Palma de Mallorca
(täglich außer sonntags)

Im gleichnamigen Viertel gelegen, ist der kleinere, jedoch ältere Markt fast noch authentischer. Das beste frische Sushi der Insel und die authentischsten Tapas-Bars. Ein Treffpunkt für Einheimische schon zum Frühstück.

1b Mercat de l'Olivar, Palma de Mallorca
(täglich außer sonntags)

Im Herzen der Inselhauptstadt gelegen, bietet der größte Markt Palmas eine beeindruckende Vielfalt an frischen Produkten, fangfrischem Fisch und lokalen Spezialitäten. Ein Paradies für Feinschmecker.

2 Wochenmarkt in Sineu – größter Viehmarkt!
(mittwochs)

Authentischer geht es kaum: Der älteste Markt Mallorcas lockt mit seinem traditionellen Viehmarkt, handgefertigten Waren und regionalen Produkten. Ein Besuch lohnt sich, doch nichts für zarte Gemüter!

3 Wochenmarkt in Inca
(donnerstags)

Donnerstags wird Inca zur Marktstadt! Mit einer riesigen Auswahl an Obst, Gemüse, Lederwaren und vielem mehr gehört dieser Markt zu den größten der Insel.

4 Wochenmarkt in Alcúdia
(dienstags und sonntags)

Inmitten der historischen Stadtmauern bietet dieser Markt dienstags und sonntags eine bunte Mischung aus lokalen Produkten und Kunsthandwerk. Ein Erlebnis in historischer Kulisse. Verpassen Sie nicht, frische Bunyols zu probieren!

5 Wochenmarkt in Artà
(dienstags)

Dienstags verwandelt sich Artà in ein buntes Treiben. Authentisch, lebendig und ein Fest für die Sinne – dieser Markt ist ein Highlight im Nordosten.

6 Wochenmarkt in Pollença
(sonntags)

Die charmante Altstadt von Pollença bietet jeden Sonntag eine stimmungsvolle Kulisse für einen Markt voller lokaler Produkte und Handwerkskunst.

7 Wochenmarkt in Manacor
(montags)

Starten Sie in die Woche mit einem Besuch des größten Marktes im Osten Mallorcas. Von frischem

9 Wochenmarkt in Sóller
(samstags)

Der Markt in der malerischen Stadt Sóller bietet samstags eine wunderbare Mischung aus lokalen Spezialitäten und frischen Produkten. Verpasst? Kein Problem, am Sonntag lockt der Markt in Valldemossa!

10 10. Wochenmarkt in Andratx
(mittwochs)

Mittwochs wird das Zentrum von Andratx zum bunten Treffpunkt mit lokalen Lebensmitteln, Mode und Kunsthandwerk – eine charmante Mischung für alle Sinne.

Obst bis zu typischen Inselprodukten – hier finden Sie alles.

8 Wochenmarkt in Santanyí
(mittwochs und samstags)

Mittwochs und samstags erstrahlt Santanyí mit einem Markt voller lokaler Produkte und Kunsthandwerk. Ein Highlight im Südosten der Insel.

INSIDER-TIPP!

Flohmarkt in Consell (sonntags)

Im Industriegebiet von Consell, nur wenige Minuten von Santa Maria entfernt, erwartet Sie der beliebteste Flohmarkt der Insel. Hier treffen Antiquitäten auf Kuriositäten, und die Verpflegung lässt keine Wünsche offen. Ein Paradies für Schnäppchenjäger und Liebhaber des Besonderen!

FESTE UND EVENTS – FEIERN WIE DIE MALLORQUINER

Typisch Mallorca!

Mallorca hat das Feiern im Blut. Ob zu Ehren eines Schutzheiligen, zur Erntezeit oder einfach für die Gemeinschaft – die Mallorquiner finden immer einen Anlass zum Feiern. Sie stellen historische Schlachten nach, besänftigen Teufel und Dämonen und danken für eine reiche Ernte. Kaum ein Monat vergeht ohne Dorffeste, Prozessionen oder saisonale Märkte, die das kulturelle Erbe der Insel lebendig halten.

1 Heilige Drei Könige
(Reyes Magos)

Am 5. Januar ziehen die Heiligen Drei Könige in prächtigen Umzügen durch Städte wie Palma, Alcúdia und Sóller. In Palma ist der traditionelle Höhepunkt die Ankunft der Könige per Schiff, gefolgt von einer Parade, bei der Süßigkeiten an Kinder verteilt werden – ein zauberhafter Auftakt ins neue Jahr.

2 Sant Antoni
(16./17. Januar)

In Sa Pobla und Manacor stehen die Feierlichkeiten zu Ehren des Schutzpatrons der Tiere im Mittelpunkt. Lagerfeuer erleuchten die Nächte, begleitet von spektakulären Teufelstänzen. Tagsüber werden Haustiere gesegnet.

3 Sant Sebastià
(20. Januar)

Eine Woche lang verwandelt sich Palma in eine Bühne für Konzerte, Feuerwerke und gesellige Straßengrillfeste zu Ehren seines Schutzpatrons. Der Höhepunkt? Der legendäre Feuerlauf, bei dem Tänze und Trommelrhythmen die Stadt in ein Spektakel aus Licht und Klang tauchen.

4 Mandelblütenfest
(Februar)

In Son Servera wird die Mandelblüte mit einem farbenfrohen Fest gefeiert. Lokale Produkte, traditionelle Tänze und Musik zu Ehren des Mandelbaumes.

5 Fira del Ram
(März/April)

Dieser Jahrmarkt in Palma ist ein Paradies für Familien. Fahrgeschäfte, Stände und Attraktionen machen die Fira del Ram zu einem der beliebtesten Frühjahrs-Highlights.

6 Karwoche
(Semana Santa)

Zwischen März und April werden in der Karwoche bewegende Prozessionen abgehalten. Besonders beeindruckend ist die Prozession am Gründonnerstag in Palma – ein Erlebnis, das die spirituelle Seite der Insel zeigt.

7 Piratenfest „Moros i Cristians"
(Mai)

Die historischen Schlachten zwischen Mauren und Christen werden in Sóller und Pollença mit beeindruckenden Umzügen und aufwendigen Darstellungen lebendig.

8 Nit de Sant Joan
(23. Juni)

Die Sommersonnenwende wird auf der Insel mit Lagerfeuern, Feuerwerken und nächtlichen Bädern im Meer gefeiert. Besonders in Palma und an vielen Stränden Mallorcas brennen helle Feuer.

9 Festa des Vermar
(Ende September)

In Binissalem steht Ende September die Weinlese im Mittelpunkt. Das Weinfest lockt mit fröhlichen Umzügen, Weinproben und der legendären Traubenschlacht – ein Highlight für Weinliebhaber.

10 Weihnachten und Silvester

Zur Weihnachtszeit locken festliche Märkte in Palma und anderen Orten. Der Jahreswechsel wird mit spanischen Traditionen wie dem Essen von 12 Weintrauben um Mitternacht gefeiert, begleitet von Feuerwerk und Partys auf öffentlichen Plätzen.

MALLORCAS KÜCHE

Frische Meeresfrüchte, knackiges Gemüse von den Bauernhöfen und geschmorte Fleischgerichte nach überlieferten Rezepten – Mallorcas Küche setzt auf Qualität und Authentizität. Die Zutaten werden auf den quirligen Wochenmärkten der Insel frisch und lokal eingekauft. Ob fangfrischer Fisch, herzhafte Eintöpfe oder süße Ensaïmadas – die Küche Mallorcas ist bodenständig und spiegelt die vielfältigen kulturellen Einflüsse wider, die die Geschichte der Insel geprägt haben.

Typisch Mallorca!

Von Tapas bis Siesta – die Mahlzeiten der Mallorquiner

Frühstück? Klein und süß, meist nur ein Café con leche und ein Croissant. Gegen 10:30 Uhr gibt es Tapas, um die Zeit bis zum späten Mittagessen zu überbrücken – das beginnt erst ab 14 Uhr und ist die Hauptmahlzeit des Tages: drei Gänge und ein Cortado zum Abschluss, bevor die Siesta ruft. Ab 19 Uhr trifft man sich auf ein Glas Wein oder Bier, bevor das Abendessen – leicht, gesellig und entspannt – selten vor 21 Uhr beginnt. Wer Mallorca authentisch erleben möchte, sollte sich auf diesen entspannten Rhythmus einlassen.

Kleiner Restaurant-Knigge

Reservieren Sie in der Hauptsaison rechtzeitig – einfach Platz zu nehmen ist unüblich, der Kellner weist einen Tisch zu.

Brot und Oliven?

Köstlich, aber selten gratis – fragen Sie lieber nach, um Überraschungen zu vermeiden.

Genießen Sie die Mahlzeiten in Ruhe, denn auf Mallorca ist Essen ein gemütliches, soziales Erlebnis – und das darf dauern!

Trinkgeld?

Üblich sind 5-10%.

Typisch mallorquinische Gerichte

Coca de Verdura: Die mallorquinische „Pizza“ mit Paprika, Tomaten und Zwiebeln. Der Teig ähnelt einem Mürbteig.
Tumbet: Gemüseauflauf mit Auberginen, Paprika, Kartoffeln und Knoblauch – rein pflanzlich und unglaublich aromatisch.
Trampó: Ein erfrischender Salat aus Tomaten, Paprika und Zwiebeln, ideal für heiße Sommertage.
Pa amb Oli: Geröstetes Brot mit Olivenöl und Tomaten, oft mit Schinken oder Käse belegt – ein einfaches, aber unverzichtbares Gericht der mallorquinischen Küche.

Tapas

Ursprünglich nicht Teil der lokalen Küche, fanden Tapas im Laufe der Zeit ihren Weg in die Inselgastronomie. Heute verbinden viele Bars die spanische Tapas-Kultur mit mallorquinischen Zutaten und Gerichten wie Frito Mallorquín oder Caracoles (Schnecken). Von Albóndigas (Fleischbällchen in Tomatensauce) über Pimientos de Padrón (gebratene Paprika) bis zu Patatas Bravas (Kartoffelwürfel mit Aioli und Tomatensauce) gibt es unzählige Variationen an Tapas.

Typisch Mallorca!

Im Zentrum der mallorquinischen Fleisch- und Fischküche steht die Cocina del Fuego, die traditionelle Feuerstelle in Form eines Holzkohlegrills (Barbacoa). Hier werden Fleisch und Fisch auf einfache, aber geschmackvolle Weise gegrillt. Einige Lokale spezialisieren sich ausschließlich auf Gerichte aus der Feuerküche.

Fleischgerichte

Porcella: Zartes Spanferkel, das traditionell gegrillt wird.
Xai: Geschmortes Lamm, oft mit Knoblauch und Kräutern verfeinert.
Porc Ibèric: Aromatisches Fleisch vom iberischen Schwein, das meist auf Holzkohle gegrillt wird.

Sobrasada: Eine weiche Paprikawurst, die sowohl roh als auch gegrillt gegessen wird.
Frito Mallorquín: Ein herzhaftes Gericht aus Innereien, Kartoffeln und Gemüse – typisch für die Inselküche.

Fisch und Meeresfrüchte

Llobarro a la sal: Wolfsbarsch in Salzkruste – ein Highlight der mallorquinischen Fischküche.
Bacalao a la Mallorquina: Kabeljau mit Gemüse, Rosinen und Pinienkernen.
Caldereta de Llangosta: Ein reichhaltiger Langusteneintopf, perfekt für besondere Anlässe.
Gamba de Sóller: Die roten Garnelen aus Sóller sind besonders aromatisch und frisch.
Sardines und Dorade: Gegrillt oder in einfachen Gerichten zubereitet, zählen sie zu den Favoriten der Inselküche.

Reisgerichte

Arroz Brut: das mallorquinische Pendant zur Paella – ein würziger Reiseintopf mit Fleisch und Gemüse, der saftiger ist als die klassische Paella.
Paella: Ursprünglich aus Valencia stammend, hat auch Mallorca die Paella in seine Küche integriert. Beliebt ist die Paella Marisco mit Meeresfrüchten.
Paella Negro: Eine besondere Variante mit Calamari und Tintenfischtinte, die ihr die charakteristische schwarze Farbe verleiht.

Herzhafte Snacks

Empanadas: Teigtaschen gefüllt mit Gemüse, Fleisch oder Fisch.
Bocadillos: Reich belegte Baguettes – ein unkomplizierter Klassiker der spanischen Küche.
Coca de Pimiento (Pebres): Herzhaft mit süßen Paprikas belegter Teig, der als mallorquinische „Pizza" bekannt ist.
Llonguets: Knusprige mallorquinische Brötchen üppig belegt.

Süße Verführungen

Ensaïmada: Die berühmte mallorquinische Schmalzschnecke, die pur oder gefüllt angeboten wird.
Bunyols: frittierte Teigbällchen, meist mit Zucker bestäubt – ein beliebter Snack auf Wochenmärkten.
Gató de Almendra: Der typische Mandelkuchen, der oft mit Vanille- oder Mandeleis serviert wird – ein Klassiker!

Coca de Patata: Ein süßes Kartoffelbrötchen, das hervorragend zu heißer Schokolade passt.

Kaffeespezialitäten

Café solo: einfacher Espresso.
Cortado: Espresso mit einem Schuss Milch.
Café con leche: Milchkaffee.
Café americano: Ein Espresso mit heißem Wasser verlängert.
Café con hielo: Espresso mit Eiswürfeln – beliebt im Sommer.

Bunyols

MALLORCAS BESTE RESTAURANTS

Die Suche nach dem perfekten Restaurant kann zur Herausforderung werden – wir haben sie Ihnen abgenommen. Von versteckten Landgasthöfen bis hin zu charmanten Tapas-Bars – hier sind unsere **Top-10 Restaurant-Highlights**, zwei für jede Region.
Zusätzlich finden Sie in den Kapiteln zu den fünf Regionen **50** sorgfältig ausgewählte **Restauranttipps**, die Ihr kulinarisches Erlebnis auf Mallorca bereichern. Lehnen Sie sich zurück und genießen Sie.

Palma de Mallorca

1 Celler de Sa Premsa

Das Urgestein der mallorquinischen Küche in Palma. Authentisches Essen in historischem Ambiente zu annehmbaren Preisen. → S. 39

2 Can Joan Frau

Typisch mallorquinische Bar im Mercat de Santa Catalina. Köstliche Tapas und – so sagt man – die beste Paella der Insel. → S. 41

Der Westen

3 Restaurant Es Passeig

Seit über 20 Jahren ein Insidertipp für alle, die das Besondere suchen. → S. 65

4 Can Costa

Wunderschön erhaltene Ölmühle auf einer Bergkuppe bei Valldemossa. Familiäre Atmosphäre und bodenständige cocina mallorquina. → S. 63

Der Norden

5 Es Turó

Typisch mallorquinisches Landhausrestaurant mit offenem Kohlegrill. Besonders das stundenlang gegarte Lamm und Spanferkel sind ein Genuss. → S. 83

6 Ca'n Moixet

Tapas-Bar am Hauptplatz von Pollença. Beste mallorquinische Küche, faire Preise und ein authentisches Flair. → S. 82

Der Osten

7 Porxada de Sa Torre

Traditionelles Restaurant beim Torre de Canyamel. Bekannt für „porcella", Spanferkel gegrillt auf Eichenholzkohle. → S. 102

8 Es Cruce

Authentisches Restaurant mit einheimischen Gästen und bodenständiger mallorquinischer Küche. → S. 103

Der Süden

9 Restaurant Es Molí

In einer ehemaligen Mandelmühle in Santanyí werden Tapas-Träume wahr: von Pimientos de Padrón bis Gambas in Knoblauch. → S. 123

10 Café Drac

Ein kleines Paradies in Santanyí mit Meerblick. Frische, typisch mallorquinische Speisen und entspannte Beach-Life-Atmosphäre. → S. 122

NACHTLEBEN – DIE ANGESAGTESTEN BARS UND CLUBS

Bars

1 IDEM Cocktail Bar

Kultig, im Trend, stylish! – Die IDEM Cocktail Bar im hippen Viertel Santa Catalina ist ein beliebter Treffpunkt für Nachtschwärmer. In der schummrigen Atmosphäre werden erstklassige Cocktails serviert. Unser Favorit unter den Kultbars!

- Carrer de Sant Magí, 15, 07013 Palma
- https://www.idemmallorca.com

2 Bar Nicolás

Klassisch, stilvoll, charmant! – In der Bar Nicolás arbeiten meisterhafte Bartender, die ihr Handwerk verstehen. Für einen Hauch Eleganz empfiehlt sich die Terrasse direkt am Plaça del Mercat.

- Plaça del Mercat, 19, 07001 Palma
- https://www.barnicolas.com

3 Cuba Colonial Skybar

Lässig, cool, mit Aussicht! – Die Cuba Colonial Skybar bietet einen fantastischen Blick auf den Hafen und dazu stilvolle Cocktails. Ein echter

Highlight-Spot mit angeschlossener Gastronomie – perfekt für einen Sundowner.

- Carrer de Sant Magí, 1, 07013 Palma
- https://www.hotelhostalcuba.com

4 Brass Club

Stylisch, elegant, authentisch! – Der Brass Club ist eine der wenigen echten Bars in Palma und punktet mit durchdachtem Design, genialen Cocktails und kleinen Snacks. Für alle, die es gerne schick und hochwertig mögen.

- Pg. de Mallorca, 34, 07012 Palma
- https://www.brassclub.com

5 Bar Abaco

Extravagant, beeindruckend, einzigartig! – Die Bar Abaco liegt in einem historischen Palais und begeistert mit opulentem Ambiente. Mit ihrem luxuriösen Ambiente eine der wohl außergewöhnlichsten Cocktailbars Palmas.

- Carrer de Sant Joan, 1, 07012 Palma
- https://www.bar-abaco.es

6 Palma Riad

Magischer Orient mitten in Palma! Das Palma Riad verbindet Hotel, Restaurant und Bar zu einem außergewöhnlichen Erlebnis. Man fühlt sich wahrlich wie in einem Märchen aus Tausendundeiner Nacht.

Carrer de Sant Jaume, 5, Centre, 07012 Palma
https://www.palmariad.com

7 Bar LAB

Weltoffen, stylisch und gemütlich – wie eine Londoner Bar mitten in Palma. Über 250 Spirituosen und keine Karte: Hier mixen Bartender genau das, was zu dir passt. Ein echtes Erlebnis für Cocktail-Enthusiasten.

Carrer de Sant Magí, 22, Ponent, 07013 Palma
https://www.barlabacademy.com

8 El Barito Cocktail Bar

Klassik trifft Stil. Seit 1997 mixt Rafa Gonzáles in seiner Bar exzellente Classic Cocktails und bietet eine beeindruckende Auswahl an Gin.

Plaça del Bisbe Berenguer de Palou, 4, Centre, 07003 Palma
https://www.elbarito.com

9 La Tremenda

Jung, laut, cool! Die Bar mit toller Livemusik und einem actiongeladenen Publikum. „Die Besonderen" werden ihrem Namen gerecht.

Avinguda de l'Argentina, 7, Ponent, 07013 Palma
https://www.facebook.com/latremendapalma

10 Chapeau Palma 1987

Kreative Cocktails und eine exzellente Whiskey-Auswahl! Das freundliche Team macht jeden Besuch zum Genuss. Eine der besten Cocktailbars in Palma – ein echter Klassiker seit 1987.

Pg. de Mallorca, 24, Centre, 07012 Palma
https://www.facebook.com/Chapeau1987

Clubs

1 Brooklyn Club

Underground-House-Music im hippen Santa-Catalina-Viertel! Der Brooklyn Club punktet mit wechselnden Szene-DJs und einer eher persönlichen Club-Atmosphäre. Hinweis: Die Security nimmt ihren Job hier sehr ernst.

- Carrer de Dameto, 6, Ponent, 07013 Palma
- https://www.instagram.com/brooklynclub palma/

2 El Barbero Club

Klein, aber mit großem Beat! Das El Barbero ist ein Klassiker der Underground-Szene und bekannt für tanzbaren Elektro-Sound, gute Drinks und extrem freundliches Personal. Seit über 20 Jahren eine feste Größe auf der Insel.

- Carrer de Jaume Ferrer, 3, Centre, 07012 Palma

3 Selva Club

Exklusiv und techno-lastig! Der Selva Club bietet einen gehypten Private Dance Floor mit ausgezeichneter Soundanlage. Unser Tipp: Tickets vorab auf der Website sichern, um auch wirklich reinzukommen.

- Gremi des Fusters, 44, Nord, 07009 Palma
- https://www.selvaclub.com

4 BCM Mallorca

Das Epizentrum des Nachtlebens in Magaluf – der BCM-Club! Mit zwei Dancefloors und Platz für bis zu 5000 Partygäste legen hier Weltstars wie David Guetta und Steve Aoki auf. Eintrittspreise variieren je nach Event zwischen 30 und 80 Euro.

- Avinguda de l'Olivera, s/n, 07181 Magaluf
- https://www.bcmmallorca.com

5 Banana Club

Der Hotspot im Norden Mallorcas! Der Banana-Club ist berühmt für seine legendären Foam-Partys und das abwechslungsreiche Wochenprogramm.

- Av. Tucà, 1, 2° Rooftop, 07400 Port d'Alcúdia
- https://www.bananaclub.es

REISEZEIT & WETTER

Die optimale Reisezeit hängt von individuellen Vorlieben ab. Ob Aktivurlaub im Frühling, Strandvergnügen im Sommer oder kulturelle Entdeckungen im Winter – Mallorca heißt Sie das ganze Jahr über willkommen. Wer flexibel ist, kann die Ferienzeiten meiden.

Frühlingserwachen (März bis Mai): Wenn die Insel in ein Blütenmeer getaucht ist, erleben Wanderer und Radfahrer bei milden Temperaturen zwischen 17 °C und 23 °C ideale Bedingungen. Die Mandelblüte im Februar verwandelt Landschaften in ein rosa-weißes Paradies.

Sommerliche Hochsaison (Juni bis August): Sonnenanbeter genießen heiße, trockene Tage mit Spitzenwerten über 30 °C und Wassertemperaturen um 25 °C. Die Strände sind belebt und das Meer lädt zum Baden ein.

Goldener Herbst (September bis Oktober): Die Temperaturen sinken auf angenehme 25 °C, das Meer bleibt warm, und die Touristenströme lassen allmählich nach.

Milder Winter (November bis Februar): Mit Temperaturen zwischen 10 °C und 20 °C ist Mallorca der ideale Rückzugsort, um dem tristen Grau daheim zu entkommen. Zwar sind viele Hotels und Attraktionen geschlossen, doch dafür genießen Sie die Strände und Berge in entspannter Ruhe fast ganz für sich allein.

MOBIL AUF MALLORCA – MIETWAGEN, BUS & BAHN UND TAXI

Anreise nach Mallorca

Mallorca ist in wenigen Stunden bequem per Flugzeug erreichbar. Der Flughafen Palma de Mallorca (PMI) bietet zahlreiche Verbindungen zu europäischen Städten. Von dort aus gelangen Sie mit Mietwagen, Taxi oder öffentlichen Verkehrsmitteln schnell zu Ihrem Urlaubsziel. Alternativ ist die Insel auch per Fähre erreichbar – beispielsweise von Barcelona nach Palma oder Alcúdia in etwa 6 bis 7,5 Stunden. Ideal für Reisende, die ihr eigenes Fahrzeug mitbringen möchten.

Ein Mietwagen ist die flexibelste Möglichkeit, Mallorca zu erkunden – ideal, um auch abgelegene Strände und Bergdörfer zu erreichen. Mietwagen sind nicht nur am Flughafen und in Palma verfügbar, sondern auch in allen größeren touristischen Zentren.

Vom Flughafen öffentlich nach Palma

Die Buslinie EMT-A1 verbindet den Flughafen Palma de Mallorca direkt mit dem Stadtzentrum von Palma.

Öffentliche Verkehrsmittel auf Mallorca

Mallorca bietet ein gut ausgebautes und zuverlässiges Netz an öffentlichen Verkehrsmitteln, das sich ideal eignet, um die Insel flexibel und kostengünstig zu erkunden. Das Busnetz ist gut ausgebaut und verbindet Städte, Strände und Sehenswürdigkeiten zuverlässig. Auch die Bahn, wie die historische Strecke von Palma nach Sóller, bietet eine reizvolle Alternative. Tipp: Tickets für den Nahverkehr lassen sich oft vorab online buchen.

Busse

TIB (rote Überlandbusse):
Verbinden Palma mit größeren Städten und touristischen Zielen wie Alcúdia, Sóller oder Cala Millor. Eine beliebte Linie ist TIB 301: Palma ↔ Sóller
Fahrpläne, Preise und Tickets:
🌐 https://www.tib.org/de/inici

EMT (blaue Stadtbusse):
Bedienen Palma und nahegelegene Orte wie den Flughafen oder Portopí. Eine beliebte Linie ist EMT A1: Flughafen ↔ Palma Zentrum.
Fahrpläne, Preise und Tickets:
🌐 https://www.emtpalma.cat

Apps: Die TIB- und EMT-Apps informieren über Fahrpläne, Routen und Preise. Mit diesen Apps können Sie Ihre Fahrt unkompliziert planen.

Besondere Verbindungen

Ferrocarril de Sóller (historischer Zug):
Ein Highlight ist die nostalgische Zugfahrt von Palma nach Sóller. Die Strecke bietet spektakuläre Ausblicke und verbindet sich mit der charmanten Straßenbahn von Sóller nach Port de Sóller.
Fahrpläne, Preise und Tickets für Zug und Straßenbahn:
🌐 https://trendesoller.com

Hop-On-Hop-Off-Bus in Palma
Palma lässt sich flexibel mit dem City Sightseeing Bus entdecken. An 18 Haltestellen können Sie ein- und aussteigen, inkl. Audioguides. Tickets und Infos:
🌐 https://city-sightseeing.com

Taxi und Uber

Taxis sind reguliert, überall verfügbar und oft die schnellste Option. Uber ist ebenfalls aktiv, bietet Services wie Uber Comfort und Uber Van, ist jedoch nicht günstiger als ein Taxi.

Mallorca Pass

Der Mallorca Pass bietet Ihnen eine flexible und kosteneffiziente Möglichkeit, die Insel zu erkunden.

Gültigkeit:	Der Pass ist für Zeiträume von 1 bis 6 Tagen erhältlich.
Leistungen:	Er gewährt freien Eintritt zu ausgewählten Attraktionen wie der Kathedrale von Palma, dem Castell de Bellver und dem Palma Aquarium sowie Ermäßigungen für weitere Sehenswürdigkeiten.
Transport:	Öffentliche Verkehrsmittel sind nicht inkludiert, jedoch der Hop-on-hop-off Bus in Palma.
Preise:	Aktuelle Informationen:

🌐 https://www.turbopass.de/mallorca-pass

PRAKTISCHES

Sicherheit

Mallorca gilt als sicheres Reiseziel. Dennoch sollten Sie übliche Vorsichtsmaßnahmen beachten. Bitte lassen Sie keine Wertsachen im Auto.

Geldautomaten

Geldautomaten (Cajeros automáticos) sind auf der gesamten Insel verfügbar.
Gebühren: Informieren Sie sich bei Ihrer Bank über mögliche Gebühren für Abhebungen im Ausland.

Öffnungszeiten

Banken: Montag – Freitag, 8:30–14:00 Uhr
Geschäfte: Montag – Samstag, 9:00–20:00 Uhr, oft mit einer Mittagspause von 13:30–16:30 Uhr.
Postämter (Correos): Montag – Freitag, 9:00–14:00 Uhr

Trinkgeld

In Restaurants und Cafés ist ein Trinkgeld von 5–10 % üblich.
Taxis: Aufrunden des Fahrpreises oder etwa 1–2 € sind angemessen.

Stromversorgung

Die Netzspannung beträgt 230 V bei 50 Hz. Steckdosen: Typ F (Schuko); deutsche Stecker passen ohne Adapter.

Notrufnummern

Für alle Notfälle wählen Sie die 112.
Polizei: 091
Krankenwagen: 061
Feuerwehr: 080
Deutsches Konsulat in Palma: +34 971 707 737

Gesundheit

EU-Bürger sowie Reisende aus der Schweiz können mit der Europäischen Krankenversicherungskarte (EHIC) medizinische Behandlungen in öffentlichen Gesundheitseinrichtungen in Anspruch nehmen. Auf Mallorca gibt es mehrere Krankenhäuser, darunter vier große staatliche Einrichtungen: zwei in Palma sowie je eines in Inca und Manacor. Zudem verfügt fast jeder größere Touristenort über ein Gesundheitszentrum (Centro de Salud). Für deutschsprachige Ärzte bietet die „Mallorca Zeitung“ eine hilfreiche Übersicht. Darüber hinaus ist die Versorgung durch ein dichtes Netz an Apotheken (farmacias) gewährleistet, die durch ein grünes Kreuz gekennzeichnet sind und auch bei kleineren Beschwerden kompetent beraten.

Feiertage

1. Januar	Neujahr (Año Nuevo)
6. Januar	Heilige Drei Könige (Epifanía / Reyes Magos)
1. März	Tag der Balearen (Día de las Illes Balears)
	Gründonnerstag (Jueves Santo) Karfreitag (Viernes Santo) Ostermontag (Lunes de Pascua) kein landesweiter Feiertag
1. Mai	Tag der Arbeit (Día del Trabajo)
15. August	Mariä Himmelfahrt (Asunción de la Virgen)
12. Oktober	spanischer Nationalfeiertag (Fiesta Nacional de España)
1. Nov.	Allerheiligen (Fiesta de Todos los Santos)
6. Dez.	Tag der spanischen Verfassung (Día de la Constitución)
8. Dez.	Mariä Empfängnis (La Inmaculada Concepción)
25. Dez.	Weihnachten (Navidad)
26. Dez.	Zweiter Weihnachtsfeiertag (Segunda Fiesta de Navidad)

Zusätzlich zu diesen zwölf Feiertagen hat jede Gemeinde auf Mallorca die Möglichkeit, zwei weitere lokale Feiertage festzulegen.

SPRACHE – EIN STÜCK MALLORCA VERSTEHEN

Die Amtssprachen Spanisch und Katalanisch prägen das Leben auf der Insel, doch in touristischen Gebieten sind Englisch und Deutsch weit verbreitet.

Während Spanisch (Castellano) die offizielle Landessprache ist, liegt Mallorcas Herz im Katalanischen – der Wurzelsprache der Balearen. Daraus entwickelte sich der mallorquinische Dialekt, eine charmante Variante voller regionaler Begriffe, die tief in der Kultur der Insel verwurzelt sind.

Ein paar Worte Mallorquin wie „Bon dia“ (Guten Tag), „Gràcies“ (Danke) oder „És boníssim!„ (Es schmeckt sehr gut) öffnen Herzen – ein Zeichen von Wertschätzung und Interesse.

Bon dia –	Guten Tag
Adéu –	Auf Wiedersehen
On és...? –	Wo ist...?
Fins aviat –	Bis bald
Per favor	Bitte (bei einer Bitte)
Gràcies	Danke
Sí, per favor	Ja, bitte
No, gràcies	Nein, danke
Perdó –	Entschuldigung
No passa res	Kein Problem
Com vos deis?	Wie heißen Sie?
Em dic [Name]	Ich heiße [Name]
Com estau?	Wie geht es Ihnen?
Molt bé	Sehr gut
Salut!	Prost!
Bon profit!	Guten Appetit!
És boníssim!	Es schmeckt sehr gut!

Register

Bildnachweis:

Wir bedanken uns bei folgenden Personen, Institutionen und Unternehmen für die Erlaubnis, ihre Fotos zu reproduzieren:

Lizensierte Bilder Shutterstock
Umschlag Vorderseite vulcano; Rückseite Sina Ettmer Photography, pixelliebe, Marina Kryuchina;
trabantos 1, 2, 9, 12, 13, 24, 30, 37, 48, 49, 50, 51, 74, 75, 79, 90, 92, 94, 112, 126; Nicole Pankalla 6; pixelliebe 8, 17, 18, 26, 31, 47, 61, 80, 89, 99, 100, 117, 119, 120, 121; Yu Xichao 9; proslgn 9, 20, 54, 62, 72; Maridav 10; Artush 10; Suzyanne16 10; nullplus 11; Pepeelson 11; Marina Kryuchina 11, 23, 24, 52, 56, 64, 82; nito 12; Ugo Burlini 13; Arcady 16, 29; Boris Stroujko 16; Robert Harding Video 16; Pawel Kazmierczak 17; Jenny Sturm 18; Sina Ettmer Photography 18, 53, 76; Andreas Mariotti 19; Alberto Loyo 19; Mark Green 20; ArtBBNV 21, 26, 81; Peter is Shaw 1991 21; MF_Orleans 22; Wirestock Creators 24; lunamarina 25, 27, 76; MarcKunze 25; Balate.Dorin 26, 27; Concept Island 27; Boris Stroujko 31; Gimas 32; tolobalaguer.com 32, 36, 73, 74, 80, 82, 91, 97, 101, 112, 113, 125, 129, 136, 139; MC MEDIASTUDIO 32; LaMerce 33; ElenaGC 33; neme_jimenez 34, 69; NEKOMURA 34; Photosite 35; Mark Green 36; Carlos I Vives 36; Rocky Reborn 37; travelview 38; lindasky76 38; l.lika 39; vulcano 40, 58; Brent Hofacker 41; Andrea Chiozzi 42; Below the Sky 48; DAWID DOBOSZ; Artesia Wells 49, 60; Bildgigant 49; Magdanatka 51; Gordon Bell 53; Kevin Eaves 55; Olga Gorchichko; Kris Hoobaer; Pilguj 57; alexilena 58; L_B_Photography 59; Thomas Pajot 59; MSchelhorn 60; janfriedrich 60; mmphotographie.de 61; sweet marshmallow 63; Olga Rincon Castellanos 62; John Navajo 66; Nikolai Denisov 66; Vale bocchi 67; visual-journey 68; Alexandre.ROSA 71; Florian Schuetz 72; Naeblys 72; Lucegrafiar 73; Sandra Sev Jarocka 76; birdsnlandscape 78; davide bonaldo 78; Balate.Dorin 81; Jeanne Emmel 84; sebra 85; Martinez Studio 90; Pep Fuster 91; Bildgigant 92; Nemo 1963; ladipictures 95; Bogdan Carcel 96; vivooo 96; neme_jimenez 97, 104, 123, 124, 131, 142, 151, 153, 154; Concept Island 98, 134, 145; ElenaGC 98; Andre Bonn 99; MarcKunze 101; DianaD29 101; Marina Kryuchina 102; Karl Allgaeuer 102; Wolfgang Jargstorff 103; Juergen Faelchle 104; IURII BURIAK 107; Kseniya Ivashkevich 109; MC MEDIASTUDIO 109; Jan Dirk Hansen 110; Video Media Studio Europe 111, 118; makasana photo 113; Joan Llado 113, 142; aldorado 114; Rainer Lesniewski114; vulcano 115, 152; imageBROKER.com 115, 128, 129; Avilfoto 116; Simon Dannhauer 117; Alexey Morkvashentsev 118; Willi Weickert 119; Balate Dorin 121; MaraZe 123; sisime ma 125; kovop 126; Mark Green 126; John-Fs-Pic 127; Frank Lambert 127, 134; ElenaChaykinaPhotography 128; Rocky Reborn 128; Kris Hoobaer 130; Mistervlad 130; saranya33 131; Maxim Striganov 131; oleg_aryutkin 132; Dominic Tomasi 133; David Jara Bogunya 133; Arkadji Schell 134; Jenny Sturm 135; Laura Pl 135; Daniskim 136; Elena GC 137; tagstiles.com - S.Gruene 137; Marc Green 138, 143; Christian Rueger 139; Jeanne Emmel 140; Konstantin Tronin 140; Andrejs Kudrjasovs 141; zixia 141, 143; Iryna Kalamurza 142; megapixeles.es 142; Olga Klochanko 144; Lecker Studio 145; vsl 146; BearFotos 147; Jo Gerken 147; Pablo Vasco 147; 13ching13 149; DavideAngelini 149; Kondor83 150; JuliaLavleis 150; David Soraci 151;

Stephan Nagel 20, 22, 23, 30, 35,39, 40, 42, 43, 44, 47, 49, 54, 55, 56, 63, 65, 66, 67, 69, 77, 79, 83, 84, 85, 86, 87, 91, 94, 95, 96, 98, 101, 103, 105, 110, 111, 114, 115, 116, 120, 122, 124, 129, 136, 144, 145, 146, 147, 152, 153, 154, 156;

Pomelia Sea lab: 41; Can Bordoy Grand House & Garden: 44; Portixol Hotel: 45; El Josemari Youth Hotel: 45; Ca's Xorc: 64; Restaurante La Gallega: 65; Hotel El Vicenç de la Mar: 87; Son pocapalla 105; Es Racó d´Artà 106; Rafa Nadal Academy 107; Thermalquelle Fontsanta 114; MUSEU i FONS ARTÍSTIC DE PORRERES 118; Es Figueral Nou125; Pirates Adventure Dinner Show 130; Palma Jump Trampolinpark 132; Jungle Parc Junior Santa Ponsa 133; Banana Club 151;

Lizensierte Karten: „© mpz.com – Map Data: OpenStreetMap ODbL“: Umschlagrückseite, 5, 15, 28, 46, 70, 88, 108; Online-Karten: „© Google Maps - genutzt unter den Google-Nutzungsbedingungen“.

Impressum
Medieninhaberin und Herausgeberin:
HONU VERLAG
Mag. Nicole Nagel
Irrsberg 35
AT-5310 Mondsee
UID-Nr.: ATU69026414

Kontakt:
info@honuverlag.com
www.honuverlag.com

Covergestaltung und Satz: Manu Ancutici
Lektorat und Korrektorat: Stephan Nagel
Druck: Amazon Distribution GmbH
ISBN: 978-3-9505681-1-0

Für Hinweise, Verbesserungsvorschläge und Korrekturen ist die Autorin dankbar. Bitte richten Sie Ihr Schreiben an: Mag. Nicole Nagel info@honuverlag.com

Folgen Sie dem HONU VERLAG auf Instagram für Blicke hinter die Kulissen.

Printed in Poland
by Amazon Fulfillment
Poland Sp. z o.o., Wrocław

53671515R00089